Nous aurons toujours Paris

DU MÊME AUTEUR

FICTION

Le Général Solitude, *roman, bourse Cino del Duca 1996 ; Seuil, coll. « Points », 2000.*

Parij, *roman, « Motifs » ; Le Rocher, 2007.*

Le Mystère des Trois Frontières, *nouvelles, 1998 ; Seuil, coll. « Points », 2001.*

Je suis le gardien du phare, *récits, Librairie José Corti, 1997, prix des Deux-Magots 1998 ; Seuil, coll. « Points », 2000.*

Les Lumières fossiles, *nouvelles, Librairie José Corti, 2000.*

Croisière en mer des pluies, *roman, Stock, 1999, prix Unesco-Françoise Gallimard ; Le Livre de Poche, 2000.*

Les Cendres de mon avenir, *roman, Stock, 2001 ; Le Livre de Poche, 2003.*

Quelques nobles causes pour rébellions en panne, *nouvelles, Librairie José Corti, 2002.*

La Durée d'une vie sans toi, *roman, Stock, 2003.*

Un clown s'est échappé du cirque, *nouvelles, Librairie José Corti, 2005.*

Mes trains de nuit, *Stock, 2005.*

Le Syndicat des pauvres types, *roman, Stock, 2006 ; Gallimard, coll. « Folio », 2008.*

Billet pour le Pays doré, *Cadex, 2007.*

L'Homme sans empreintes, *roman, Stock, 2008, prix François Billetdoux 2008.*

Passager de la ligne morte, *Circa 1924, 2008.*

ESSAIS

Ismail Kadaré, Prométhée porte-feu, *Librairie José Corti, 1991.*

Entretiens avec Ismail Kadaré, *Librairie José Corti, 1991.*

Dans les laboratoires du pire (totalitarisme et fiction littéraire au XXe siècle), *Librairie José Corti, 1993.*

Le Sanatorium des malades du temps, *Librairie José Corti, 1996.*

EN COLLABORATION

K, *ouvrage collectif sur Franz Kafka, Autrement, coll. « Figures mythiques », 1996.*

Mondes effacés (Souvenirs d'un Européen), *collaboration à l'autobiographie de Jusuf Vrioni, Jean-Claude Lattès, 1998.*

Éric Faye

Nous aurons toujours Paris

Stock

ISBN 978-2-234-05981-8

Un légionnaire mélancolique

C'était au cœur d'un automne qui ne voulait pas devenir automne, à la fin d'un été inextinguible. C'était de nouveau dans un train. À trop vouloir deviner qui va s'asseoir à côté de vous en gare, au petit matin, vous vous trompez avec obstination. Je comptais achever la lecture d'un roman japonais et le décor était planté, puisqu'un groupe de Japonais, quittant Paris pour enchaîner par la Suisse, venait de prendre possession de la voiture entière, si bien que je n'étais plus vraiment dans le TGV mais, plutôt, dans un Shinkansen pour Osaka. Et ce fut un homme à la mine triste, pas nippon pour un sou, plutôt malgache, aurais-je dit, ou réunionnais, qui échoua près de moi. Je viens de l'Île de France, commença-t-il. Pas d'Île-de-France, non. De l'ancienne Île de France, où l'on parle entre autres le français, et du tac au tac je répondis un peu au hasard Maurice, l'île Maurice, et gagnais à l'écouter. À près de cinquante ans, ce réserviste de la Légion étrangère, rangé depuis des années comme employé d'un musée parisien, venait de recevoir un courrier annonçant sa mobilisation prochaine. Puis étaient passées deux semaines, sans plus de nouvelles. La veille de son départ, on lui avait téléphoné : « Vous partirez demain matin en train pour Bellegarde. Au point de rassemblement, on vous donnera un ordre de mission. Où vous allez, et pour combien de temps, nous ne pouvons pas vous le dire pour l'instant. »

Dans la nuit opaque qui ne lâchait pas prise sur la banlieue est, l'ancien légionnaire avait du vague à l'âme. Il savait ce qu'il quittait – femme, enfant, métier – mais ignorait au-devant de quoi il s'avançait à reculons. Le Liban, pour trois mois ? Le Congo, où l'on votait le lendemain ? Ou le Pakistan, l'Afghanistan, puisqu'il parlait des langues de ces régions-là. « Si je connaissais moins de langues, on n'aurait pas fait appel à moi… »

Nous sommes souvent heureux dans la réalité des autres, ce jardin vert et fou derrière la haie. Je repensais au titre d'un livre italien, *Le régiment part à l'aube*, et rêvais à côté de l'homme triste qu'on me convoque *un beau jour, ou peut-être une nuit* sur une des bordures de la planète. En me faisant partager son angoisse, le légionnaire avait réveillé l'appel du merveilleux.

Ce livre est dédié au merveilleux, à son acte de naissance ou plutôt à ses sources multiples, dès l'enfance.

Un peu plus tard, le légionnaire mélancolique s'est épanché sur son métier d'employé de musée, passionné de marine, et sur ses riches heures : pouvoir toucher du bout des doigts, exceptionnellement, pendant les opérations de nettoyage, les objets uniques et fabuleux qui restent d'ordinaire sous verre, sous clé. Je ne connais pas de meilleure définition du merveilleux. Toucher du bout des doigts, un instant, ce qui fascinait hors de portée.

Voici la grande noria des souvenirs réparée, ce n'était pas grand-chose. Elle tourne de nouveau et dans l'eau calme de ses godets se reflète l'image des jours où l'enfant est sage. Du jour au lendemain, à cette époque, il lui arrive de découvrir un sentiment nouveau, qui croît comme ça, à la vitesse des chanterelles à l'abri des feuilles, en une nuit. Est-ce un sentiment comestible, vénéneux, mortel ? L'amour et l'affection, il connaît ça depuis la nuit de ses petits temps, la nuit dans la caverne maternelle où, en neuf mois, il a fait le tour d'une solitude exquise. Il saura être seul sur le grand chemin, désormais. La peur ? Elle jaillit dans le grenier de sa maison, attenante à l'école de campagne. L'enfant joue avec un camarade, le soleil filtre par l'œil-de-bœuf quand elle entreprend sa première incursion dans sa vie. Elle monte, pas à pas, les marches de l'escalier. Les deux gamins se figent, se cachent, puis la frayeur, après s'être éternisée à l'étage inférieur, redescend. Le souvenir, probable premier souvenir d'une vie, en reste là.

La frayeur, à cette époque, 1967, peut-être 68, jaillit à certaines heures de l'énorme téléviseur noir et blanc, avec les Vietnamiens des actualités qui courent sous la mitraille et les Indiens emplumés, ensuite, qui filent à cheval à leur travail : tuer des Blancs qui ne demandaient qu'un peu de territoire, quelques millions de kilomètres carrés. L'enfant de quatre ans en est sûr et certain, Indiens et Viets vont former une coalition et ils arriveront jusque-là, ils assiégeront tôt ou tard sa maison. À quelle distance tremble Saigon ? Il n'en sait rien. Oh ces noms, oh ces villes où, encore, j'ai l'impression d'avoir été enfant, un peu, si peu, enfant courant, enfant apeuré : Saigon Hanoi, Hanoi Phnom Penh... Le gamin relie Phnom à peine, Saigon à chute, Vietnam à napalm, c'est le Vietnapalm tout d'un coup, que se passe-t-il sur Terre ? À la télé passe fréquemment le roi du monde, un monsieur très sérieux à lunettes à la monture épaisse, un monsieur à imper sombre qu'on salue du nom

de Kissinger d'une capitale à l'autre, il a le sort
de tout, de nous, entre ses mains. Que faire ?

Puis un jour, cet enfant découvre le mystérieux, à ses pieds, à flanc de jardin, sous la
forme d'un revolver. C'est petit, léger, moins
étincelant que dans les films. Il l'observe, le
soupèse, le repose puis l'enterre. Voici qu'il est
Glenn Ford ou John Wayne, ici, sur les contreforts avachis du Massif central. C'est oublier
que l'arme est un jouet et que le jardin jouxte
la cour de l'ancienne école. Mais, selon la technique du Nil pour cacher d'où il vient, le merveilleux multiplie ses sources dans la haute
enfance, après laquelle il formera le fleuve le
plus puissant de la vie grâce à la convergence
de tous ses affluents, peur, mystère, éblouissement...

Il peut suffire d'un jeu de cartes pour placer
des sensations encore à leur genèse sur une
manière de rampe de lancement. Sur ce jeu de
cartes, qui ferait penser aux « sept familles » mais
en reste loin, apparaissent l'un après l'autre,
étrangement dessinés sur des fonds ocre jaune,
ou bleus, les monuments de Paris. Au premier
plan, qui sait pourquoi, un agent de police.
Quelles sont les règles de ce jeu ? Toute l'attention de l'enfant se porte sur ces intrigantes
constructions qui vont de l'Arc de triomphe

aux Invalides et au Panthéon. Notre-Dame, de même. Et plusieurs autres hauts lieux, sur lesquels il veut savoir, questionne, jamais pleinement satisfait. Quoi ? Leur rôle, sont-ils habités, sont-ils vraiment immenses.

Il veut voir Paris, son éblouissement, son caprice secret, sa névrose précoce. Mais Paris est loin et l'on s'y rend rarement, on ne s'y rend d'ailleurs pas, dans ce village. Certains y *montent*, à la rigueur, car c'est un sommet, le sommet du pays que ne gravit pas n'importe qui.

Un téléviseur vient d'être installé dans l'appartement. L'enfant, qui sait tout juste déchiffrer, voit à la fin des émissions, des jeux, au fur et à mesure de ses progrès en décryptage, les adresses auxquelles on peut écrire pour participer, et il se forme une géographie tout à lui de cette capitale plurielle : Paris-Brune, Paris-Cedex et d'autres encore. Cognac-Jay est un de ces hauts lieux, une capitale dans la capitale. Là-bas vit une race d'hommes et de femmes perpétuellement avenants et spirituels, dans des studios où il n'est question que de jeux, de sélections ou de lots à gagner. Le paradis terrestre du téléspectateur.

Le Paris aux proportions imaginées par l'enfant, qui tenait de Babylone ou bien d'une cité contée par Marco Polo, est celui que je garde en mémoire lorsque j'en arpente les rues d'aujourd'hui. Un Paris parallèle, qui ne cesse d'exister à sa façon. C'est une manière d'enchanter le monde, en puisant dans une source magique de l'imaginaire, en détournant l'âge d'or pour qu'il irrigue le présent, c'est selon. Pour tracer un sillon droit, accroche ta charrue à une étoile… Ainsi, au moment de se séparer, deux des héros de *Casablanca*, Rick et Ilsa, se tournent-ils vers leur trésor secret, le filon merveilleux qui redonnera un sens à tout, la parenthèse d'une idylle de quelques jours qu'ils ont vécue dans le Paris de la débâcle. *Nous aurons toujours Paris*, murmure Rick (Bogart) à Ilsa (Ingrid Bergman). Paris est une fête, Paris ne finit jamais. Nous aurons toujours Paris.

Oh holidays...

Tout à ses cartes quand ce ne sont pas des mirages intérieurs, l'enfant n'en est pas à se dire qu'avec la mémoire du merveilleux, il pourra dériver en se riant des intempéries d'une vie qui, à l'épreuve des années, dévie, appartient de moins en moins à celui qui en tenait le cap. Chaque grande découverte le conduit à la prochaine. À chaque jour ses Amériques. De 1966 à 1972, c'est 1492 dans le temps courbe du mouvement perpétuel de ses jours sans fin. Des nano-Amériques, le plus souvent, mais un météore maigrelet, quand il fait sa descente au flambeau, brille plus que l'étoile du berger.

Au nombre des premières découvertes sont les mots, certains mots, et le contexte dans

lequel ils l'ont étonné demeure intact, aujour-
d'hui, dans sa mémoire. *Midi*. L'enfant a quatre
ans dans la cour aux tilleuls que deux caravanes
s'apprêtent à quitter pour tout l'été. Grand
départ saturé d'un vocabulaire de nomades. Au
soleil tamisé par le vert ténébreux des feuilles il
demande où on va ? On va dans le Midi.

Qui lui a répondu une chose pareille ?
Catherine, ou Philippe, ses deux premiers amis
au monde, ou l'un de leurs parents ? Catherine,
dans mon souvenir, laquelle devient aux yeux
de l'enfant un puits de science pour avoir manié
ce mot, midi, de manière incongrue, avec un air
sérieux. Midi, pour le gamin de quatre ans et
demi, pendant l'été 68 est le plus chaud
moment de la journée, le zénith insoutenable,
quand il fait si bon appartenir au monde, quand
bronze jusqu'au dernier atome. Midi grésillements de cuisson, odeurs légères, de moins en
moins légères à mesure qu'augmente le tohu-
bohu dans la cuisine. Et quoi ? Ce qui est un
moment crucial du jour devient lieu, direction ?
Le temps est convertible en espace ? Mais ce
n'est plus midi, c'est *le* Midi, avec grand M,
désormais, et devant l'air incrédule du gamin
un adulte explique : « Dans le Sud. »

C'est donc confirmé. Certains mots ont un
double fond, comme midi ? L'enfant a-t-il sans

le savoir deux langues maternelles, parallèles, sous l'abord d'une seule ? Est-ce de la fourberie, de la mesquinerie de la part des mots ? Il ne lui en veut naturellement pas, à midi, de s'être approprié les oliviers et les routes bordées de platanes, avec un bandeau blanc pour les phares du soir ; mais voilà, un moment, il est dérouté. Désormais, chaque mot devra être retourné comme une pierre ou un gros galet du bord de mer, pour voir si, dessous, l'eau ne fait pas scintiller des angles micacés, vérifier s'il ne cache pas une crevette qui fuit, leste, ou un petit crabe. Puisque les mots recèlent, masquent et trompent, il va les surveiller, rechercher leurs secrets. Ils n'auront pas le dernier mot. Midi lui fait comprendre que la langue maternelle présente un versant merveilleux, puisque l'autre, embrumé, sombre, recèle des fantômes. Tous les mots ? Lesquels sont suspects ? Un enfant ne peut tout de même pas retourner tous les galets d'une plage. Où sont les agents doubles, comment les *retourner* ?

Plusieurs autres mots jalonnent, comme les platanes la grand-route du Midi, entre Toulouse et Narbonne, l'histoire de l'enfant. Un jour, c'est leçon de géographie et il est question du département, quand un mot vole soudain dans la poussière de craie, *kaolin*. Plus au sud, dans le canton voisin, le sous-sol est riche en kaolin. Cela devrait laisser l'enfant de marbre, or non. Trente et quelques années plus tard je me souviens de l'apparition de ce mot chinois, qui désigne une argile blanchâtre dont on fait la porcelaine, honneur de la grande ville la plus proche. Ce qui retient l'attention du gamin c'est l'histoire de ce mot composé, *kao* (haut) et *ling* (colline), rapportée par un voyageur du temps du Roi-Soleil. Un voyageur est revenu de la lointaine Cathay avec un mot pour de la glaise grise. Tout près de chez lui, il y a un peu de Chine sous terre, dans des mines dont on extrait la richesse des « hautes collines », comme s'il suffisait de creuser quelques mètres à la verticale pour passer de l'autre côté du globe. Le pouvoir de la Chine est déjà grand chez le gamin, il le comprend vite. Et puis ? Il y a dans ce mot une lettre, le *k*, rarissime dans le Massif central. Rarissime, c'est déjà beaucoup dire, elle n'existe pas, à l'état brut, elle provient d'importations, et pourtant comme elle a de la gueule, la lettre venue de loin. Coalisé avec l'image de la Chine, le *k* de kaolin atteint un degré élevé sur l'échelle du merveilleux. Peut-on avoir en soi, nuageuse, diffuse, une mémoire de l'avenir ? Le *k* annonce au gamin bien des lieux, des cinéastes et des livres et des personnes desdits livres, qui compteront, de Kyōto à

Kawabata, de Pa Kin à Kurosawa, Kinoshita, mais ce n'est pas que l'Asie, il aura souvent la prédilection plus proche, de Kafka à Kadare, Kosztolányi, Karinthy, Kundera.

Sensiblement à la même époque, un autre mot fait mouche. Les élèves de cours élémentaire première année sortent dans la cour en pente douce, au soleil. L'institutrice montre du doigt la limite entre le ciel et le moutonnement des collines. Elle dit : « La ligne d'horizon. » L'enfant essaie de se représenter à quels endroits passe cette ligne, comme un chemin dans les forêts d'en face, plein sud. Le mot horizon lui plaît mais lui résiste, car un tel chemin n'existe pas, si un explorateur se rend là-bas pour vérifier, il est assuré de revenir bredouille, ou de mauvaise foi. Mais si un Tartarin revenait des confins en disant avoir joué au funambule sur la ligne d'horizon, le monde perdrait son aura de merveilleux. Sur son cahier, rentré dans la salle de classe, l'enfant trace cette mystérieuse ligne au crayon, avec au-dessus le trajet que parcourt le soleil pendant la journée. Sur le papier, c'est facile, il suffit d'un beau trait. Dehors, l'horizon recule à mesure qu'on avance à sa rencontre. Il existe, mais seulement dans votre tête. Voici l'enfant aux prises avec l'abstraction, pour la première fois. L'histoire de l'œuf et de la poule, la création du monde, tout cela relève de la mythologie, du conte, mais l'horizon, il a le malheur et la chance de le voir en ouvrant ses volets, le matin. Impossible de franchir cette ligne, pourtant posée peu ou prou sur la nationale 20, qu'on franchit bien, elle.

C'est ce qu'il aime faire sans l'avoir encore compris, ce qui l'émoustille et l'éblouit dès que la cloche annonce les grandes vacances, pourtant : tendre vers cette ligne. Comme il n'est pas d'une constitution solide, et que l'hiver (soit, pour lui, des pluies de septembre aux giboulées d'avril-mai), sa voix s'enroue, ses cordes vocales se désaccordent, on lui prescrit des cures à répétition, quatre étés au total, au bout d'une haute vallée des Pyrénées. La montagne… Dès que le printemps le permet, il s'assied sur le parapet de pierre, face à l'horizon sud, calcule combien de semaines le séparent du séjour estival où tout est immense, inaccessible. Il demande à voir le *Guide vert* des Pyrénées, sans photos ni couleurs. Que des gravures, mais quelle gravure, en couverture… Le cirque de Gavarnie s'étage de plan en plan vers des sommets blancs plus impressionnants que tout, un jour de grisaille annonciateur de gros temps. L'enfant entre dans la gravure par le chemin qui longe le gave, en un rien de temps elle le happe à l'intérieur. Chaque

GUIDE DU PNEU
Michelin
PYRÉNÉES
335 fr.
1952-53

fois qu'il se présente à elle, elle le replonge dans le même état d'esprit. Elle le conduit vers le trône de dieux merveilleux, irrésistibles mais impitoyables, vers les montagnes devant lesquelles des voyageurs, de la taille de la fourmi, vont se prosterner au pied des cascades qui tombent des névés rectangulaires, immenses, posés sur les gradins de l'amphithéâtre minéral. Gavarnie est le nom du Dieu inaccessible, éternel comme les neiges, de l'enfant qui attend son été là-bas. Gavarnie de la gravure tient du *Château* qui n'ouvre jamais ses portes. « Il était tard lorsque K. arriva. Le village était enfoui sous la neige. On ne voyait rien de la colline, brouillard et ténèbres l'entouraient, pas la plus faible lueur non plus qui indiquât le grand château. » Voit-on d'ailleurs tous les sommets, sur la gravure ? Certains doivent être masqués par les nuages. Gavarnie tient aussi du *Mont Analogue*, comme de toutes ces entreprises radicales en cela qu'on doute qu'elles aboutissent, et le plaisir ne vient pas de l'attente du succès mais d'une sensation d'immersion devant une nature hors de portée, comme la ligne d'horizon. La gravure enseigne au gamin les lois élémentaires du mystère. Comme les Japonais ou les Européens des siècles passés, il juge préférable de ne jamais monter trop haut, de peur de croiser les esprits de la montagne.

La montagne, c'était trois semaines dans un pré en pente douce dont le bas n'était pas fauché, en juillet, à dormir et dîner dans une caravane bleue. Le gave, ses galets nous servaient de Niagara, de terrain de jeux. Les jours de temps dégagé, on voyait le sommet du Péguère, divinité terrible, dont on disait, mais est-ce vrai, que nul ne l'escaladait car il avait produit ses antidotes à l'homme, un sol si friable que le randonneur risquait de dévisser. La légende voulait que ce Péguère judicieusement savonné ait tué, rejeté les cadavres de ses victimes vers la vallée, en signe d'avertissement. L'enfant aimait le regarder, dans sa tunique sombre, lui l'invaincu, qui narguait les hommes d'en bas.

Segmentées en séjours de quinze jours, ou d'un mois, voire de deux, plus de deux années d'enfance et de la jeunesse sont passées à bord de la caravane au bleu très clair, d'un point à l'autre d'un pays dans lequel, à trois ans comme à dix, le gamin a créé ses repères à lui, faits de durées plus que de distances, de parkings à pique-niques, d'odeurs d'herbes ou de tonalités, de noms de lieux que nul autre ne connaît, dans sa classe, parce que ce sont des localités perdues, des aires de repos ou des sites à lui, comme le camping municipal de Carcassonne près du stade, celui des Violettes à la sortie de Toulouse, le phare de Kérity (1967), le torrent à L'Espérou (69), le *Lydia*, paquebot ensablé de Port-Barcarès, et le maquis au-dessus de Bormes-les-Mimosas. Portiragnes, Saint-Cast et Socoa. Beblenheim, Fabrégas, Vallouise, et je pourrais en égrener d'autres, rivaliser avec le *conscrit des cent villages* et ses « Lizières, Lizine, Lizy ». Ce dont il s'imprègne, été après printemps, séjour après voyage sur les routes et leurs bas-côtés de papiers gras (le voyageur des années soixante est négligent), c'est d'une France intuitive. Dans cette France qu'il accumule en lui virage après ligne droite, voici un taureau publicitaire pas loin de Narbonne, annonciateur de la mer, Sigean, Villefranche (-de-Lauragais); un auto-stoppeur qui lui offre une coquille de murex, ancêtre du casque à pointe, près de Sète. Et cette côte, vers le Gers, au sommet de laquelle les Pyrénées vous sautent aux yeux, d'un coup, sur des dizaines de kilomètres. Dans cette caverne d'Ali Baba de la France gaullienne ou pompido-lienne, un bric-à-brac d'espoirs et de projets donne à l'époque un je-ne-sais-quoi d'ambitieux et de vivifiant, un air de bord de mer, une envie d'avenir avec des mots tout neufs, le radôme de

Pleumeur-Bodou, qui capte la télé de l'Amérique, le four solaire d'Odeillo, qui attire dans ses miroirs des montagnes qu'il déforme, l'usine qui domestique les marées sur la Rance, et le pont de Tancarville, Lavéra, Génissiat. Dans la géographie de l'enfant, les postes-frontières, les zones franches et les enclaves – mais il n'en connaît qu'une, la petite Llivia espagnole avant Latour-de-Carol, en Cerdagne – occupent une place particulière. Les années soixante et soixante-dix ne reviendront pas, et sur le coup, déjà, avant même d'avoir fini de les vivre, il pressent qu'il les regrettera longtemps. Il n'est pas possible de définir ce dont on reste inconsolable sinon par des approximations, des périphrases qui gravitent loin de ce qu'on aurait aimé dire. Cette époque, cette atmosphère résistent à toute tentative d'identification. Pourtant, lorsque à la radio Polnareff revient chanter « Holidays », je sais, au frisson près, aux poils qui se dressent sur ma chair de poule, je sais que pendant trois minutes et dix-huit secondes je suis en 1972, un enfant d'à peine neuf ans à l'écoute de cette voix qui fond dans l'air, *Holidays, oh holidays. C'est l'avion qui descend du ciel.* Oui, j'aimerais, par extraordinaire, me réveiller dans un pays évacué. Pour un mois, pour un été, il serait à moi, exclusivement, aucune propriété, aucun site, aucun appartement ne serait cadenassé. Les pompes à essence me salueraient au garde-à-vous, pleines, au bord des routes, et après avoir navigué sur les vieux tronçons des nationales, avec leur ligne jaune noyée sous l'herbe, je reviendrais dormir dans les campings vides, Six-Fours ou Saint-Rémy, Aiguebelette puis Kérity, ou près de l'Aigoual, ou au pied des Bossons.

Ville de la Lune, 1950

Chaque année, dans le village au sommet de la colline, passe un petit zoo ambulant, et j'associe l'arrivée de son énorme camion aux ouvertures striées de barreaux à la lumière d'automne. Il arrive sans doute peu de jours après la rentrée des classes. L'école primaire attend la venue du poids lourd avec une impatience qui, sur l'échelle d'intensité de la ferveur, est au bas mot dix fois, vingt fois plus forte que pour la venue du bibliobus. L'engin manœuvre tant et si bien qu'il parvient à se garer dans la cour où les élèves font cercle. Chaque année recommence le même défilé exotique, à la créature près, au poil près. L'ordre d'apparition, et lui seul, apporte un élément de suspens et les enfants savent que seule la mort, survenue éventuellement dans l'intervalle d'un an, pourrait empêcher le porc-épic, ce n'est qu'un exemple, de descendre la rampe métallique à l'arrière du véhicule zoologique, comme la vedette du samedi soir surgit du décor et trottine vers Guy Lux. Le show commence en sollicitant l'odorat des spectateurs, et tous ces gosses de paysans, à tout le moins rompus à la fréquentation des bêtes de la ferme, s'étonnent que des animaux, vivants, dégagent une telle infection. Ils n'en reviennent pas. Et cette odeur est comme le roulement de tambour, ou les trois coups, avant le lever de rideau. Paré de sa pestilence, la plus remarquable du défilé, le porc-épic entre alors en scène.

Chaque année, l'enfant l'attend. Est-ce vraiment le même, qui fait la tournée des cambrousses, ou n'est-ce pas un autre, un sosie parfait ? Cet animal, qui tient de la tortue romaine et de la phalange macédonienne, ne peut qu'être unique. Ce n'est pas possible, se dit le môme. Une arme secrète de la préhistoire. De tout ce que la vie réussit à faire renâcler, trotter sous les oreilles et les yeux de l'enfant, c'est le porc-épic qui emporte la mise, le stupéfie, qui n'a, entre parenthèses, rien du porc, et qui affiche sa haine de la détention en empuantissant, avec sa crête de piquants souffreteux (virages du Massif central ?) et cette mine de chef indien dont les plumes fanent. Toute proportion gardée, dans ce bourg d'où nul ne s'échappe sinon pour des courses à la ville ou un séjour à l'hôpital, ce déploiement d'exotisme rivalise avec ce que devait représenter, au temps de la Sérénissime, la venue d'une délégation des premiers Japonais convertis au christianisme. Dans la cour d'école, les créatures incongrues défilent devant les moutards ébaubis, elles font une ronde et puis hardi, retour au camion, la tournée continue.

Ensuite, que manigancent nos souvenirs ? Tôt ou tard, les voilà bus par le temps comme les cours d'eau par un sol karstique, et tout ça resurgit beaucoup plus loin, là où on ne l'attend pas, pour former une mémoire nouvelle, sédimentée par les événements, les heurs et malheurs traversés. Enrichis par le temps, ces souvenirs ? Altérés ? Peu importe. Les animaux merveilleux sont toujours là. Ils voisinent, dans ma mémoire, avec l'homme aux serpents, qui revient des pays chauds. N'en finit pas de revenir des pays chauds. Il en a conservé une prodigieuse tendresse pour les reptiles, au point d'en élever quelques-uns chez lui. Le bruit court qu'il les a installés dans la salle de bains. Que l'un d'eux s'aventure un jour dans la cage d'escalier, ce n'est plus une rumeur, la couleuvre ondule bel et bien sur les marches en quête d'humidité ou de chaleur et ne trouve que l'effarement des habitants. Est-ce la même qui, un jour, se love dans le moteur de la voiture de son maître, parce qu'il fait enfin chaud, là ? Un autre jour, l'homme aux serpents projette dans la basse et sombre cantine de l'école, dans le frou-frou des rouleaux de caméra super-8, les films qu'il a tournés à Bali, qu'allait faire cet homme à Bali ? Dans l'école des hautes collines, ce jour-là, il règne une atmosphère électrique, c'est l'émoi de partir pour Bali, derrière les rideaux tirés. Ensuite, le roudoudou qu'on achète au soleil de la cour n'a plus exactement la même saveur dans sa coquille. S'en souviennent-ils, du voyage à Bali dans la cantine, les paysans en herbe de 1969 ?

Le sol de la cour des filles penche sans excès vers la maternelle mais, près de son sommet, réserve un jeu surprenant que l'enfant garde pour le week-end, quand elle lui appartient, déserte. Au pied de la salle du cours préparatoire s'étendent des plaques de ciment, vestiges de travaux de maçonnerie anciens. L'enfant détaille leurs formes, imagine des villes sur les côtes de ces continents gris, les nomme, saute de l'Afrique à l'Asie en évitant les mers, rêve, dérive sur ces plaques. Dans le ciel, avec ses petites ailes chauffées par le soleil, un zinc de faible envergure ronronne : des citadins s'offrent un baptême de l'air.

La ville où j'habite aujourd'hui est survolée régulièrement par des hélicoptères. Lorsqu'ils sont encore loin et que leur bruit enfle lentement, je me trompe invariablement, pendant quelques instants. Pendant ces instants, je crois reconnaître le moteur d'un des zincs qui survolaient les formes grises de la cour d'école, et tous les autres territoires de l'enfance, sur lesquels ils parachutaient parfois des corolles blanches. Pendant que le bruit se rapproche, j'ai l'impression qu'un vieil avion va larguer sur moi une nuée de souvenirs oubliés que je recueillerai, au sol, comme des tracts subversifs. Ce bruit, aujourd'hui, c'est à s'y méprendre, au début : l'air vibre de la même façon. En quelques secondes, ensuite, le bruit franchit près de quarante ans et je me ravise, reconnais un hélicoptère. Pendant ce moment précieux, miraculeusement renouvelé chaque fois qu'un appareil se présente dans le ciel, le bourdonnement monte d'un après-midi de 68 ou de 69 et dès qu'il parvient à ma hauteur, franchit en un éclair l'an 2000 qu'on croyait si loin, et me voici aujourd'hui. Un instant, mon cœur se serre parce que je redeviens le gamin qui enjambe les mers gravillonnées pour explorer un continent grisâtre. Ce gamin-là a tout pour rêver, parce que le monde traverse une des très rares périodes où dans l'ensemble l'Europe n'a pas peur, ou alors moins. Woodstock, le Concorde, la Lune américaine. Qui a offert une maquette du Concorde au gamin des collines, je ne sais plus. Trop complexe pour lui, encore, mais il ne se lasse pas d'en détailler les pièces grises, fixées à leurs rameaux de plastique. Longtemps plus tard, à l'autre bout de l'Eurasie, un vieux chauffeur de taxi me conduit à une gare routière, au bord d'un lac comme une mer. Il parle un bon français, sans accent, au fond de sa Sibérie, et dit avoir bien connu André Turcat, le pilote d'essai du Concorde, quand il travaillait dans l'aéronautique soviétique. Le vieux Russe à la retraite, passé des Tupolev à la Lada, fait le taxi pour améliorer son ordinaire. Les insouciants des années soixante sont tristes au XXIe siècle.

Un soir, avant Noël, l'enfant rend visite à un vieux cousin, dans les hautes collines. Avec sa modestie, voire sa retenue, avec son air dubitatif et ses silences, sa façon de baisser les yeux et de soupirer doucement ou de dire oui devant l'incongruité du cours des choses, il me fait penser, aujourd'hui, à Chishū Ryū, l'acteur fétiche d'Ozu. Le gamin va recevoir ce soir-là le cadeau le plus inattendu de l'homme qui n'a jamais quitté son canton : un globe terrestre. Plus tard, il comprendra à sa façon que le cousin – appelons-le comme ça – aurait aimé sans doute aller bien au-delà de la ligne d'horizon, dans des pays où l'on n'a pas inventé les cantons, mais il a ses bêtes à garder, les cultures, la ferme et sa vieille mère voûtée, et au-dessus de tout ça le père, qui, du ciel où il trône, surveille ses terres et le fils qu'il a enchaîné à la ferme. Si bien que le fils (le cousin) offre sans beaucoup de mots le globe à l'enfant, on parle peu, comme si les mots formaient des grumeaux qui ne sortent jamais de ces pièces qu'on aère avec économie, quel froid, encore, ce soir. Le globe n'a rien de spectaculaire, il n'est pas de ce plastique diaphane qu'on éclaire de l'intérieur, il ne sait pas ce qu'est être interactif et ne parle pas plus que les gens d'ici. C'est une boule de métal de petite taille, probablement le seul qui prenait la poussière à la maison de la presse, où sont les modèles réduits que l'enfant lorgne. L'enfant, par la suite, fait tourner une lampe autour du globe dans la nuit cosmique de sa chambre, pour figurer les jours et les nuits avec son soleil à la main, nous voici avant le système copernicien, il incline la lampe pour plonger un hémisphère ou l'autre vers le froid ou vers l'été. Il lit, à la surface du métal peint, les noms de fleuves qu'il traversera ou de villes où il dormira, mais il ne le sait pas encore. Certains noms de lieux sonnent d'une façon particulière. Il les chuchote. Ce sont les pierres précieuses du voyageur : Vancouver, Samarkand et Valparaiso. Répétez-les vous aussi, tout bas. Yalta, Yokohama, Yanaon. Trop petite pour qu'il la repère sur le globe menu, dans l'Inde rose, cachée par Calcutta, il y a aussi Chandernagor. Comme il tinte, ce nom ! On dit que *nagar* signifie ville, que *chander* dériverait de *chandra*, la lune, ou bien de *chandan*, le santal. Ville de la Lune, sans doute parce que le Gange décrit là-bas une vaste courbe, un croissant. J'ignore comment un autre cousin lointain, Georges Tailleur, arrive dans cet « établissement français » un jour de 1948, par la route de Calcutta ou par le Gange. Par la route, probablement. J'ignore quel est mon lien exact de parenté avec lui, du côté paternel. Je sais qu'il fut le dernier administrateur français de cette petite ville, qu'il est le seul, dans la famille, à avoir écrit et publié, sur son expérience indienne puis dans les colonies de l'AOF où il avait poursuivi l'aventure, après

la fusion, le *merging* de Chandernagor dans
l'Union indienne. Et bien que l'Inde, en soi,
n'exerce aucune fascination particulière sur
moi, j'aimerais entrer un jour dans la ville deve-
nue *Chandannagar*. J'aimerais refaire le parcours que retrace dans son livre le dernier
résident français de cet établissement, le 2 mai
1950, accomplissant comme il l'écrit, « dans des
conditions honorables », le premier acte de la
décolonisation d'un empire. La veille a été
donné un vin d'honneur en présence des nouvelles autorités indiennes. Comme chaque soir,

চন্দননগরের ভারত ভুক্তির প্রাক্কালে
ফরাসী শাসিত এই ক্ষুদ্র নগরীর
সর্বশেষ ফরাসী শাসনকর্তা।
মঁসিয়ে তাইয়ারের
বিদায় উপলক্ষে
মাদাম ও মঁসিয়ে তাইয়ারকে
প্রদত্ত
মানপত্র

মাদাম ও মঁসিয়ে তাইয়ার,

ADRESSE PRESENTEE A
Monsieur TAILLEUR,
LE DERNIER ADMINISTRATEUR FRANCAIS
ET A
Madame TAILLEUR,
A LA VEILLE DU
Transfert de Chandernagor

Madame, Monsieur,

Vous êtes les derniers représentants
de cette grande nation, venue de l'Europe,
foyer de la civilisation moderne, nation
qui avait établi, durant des siècles, ses
traditions à la partie orientale de l'Inde,
centre de toutes les cultures. Au moment
de la séparation, à l'heure présente, nous
vous présentons nos sincères sentiments
d'affection et de respect.

Madame, Monsieur, depuis votre
arrivée ici, vous avez toujours eu une
remarquable sympathie pour nos espoirs
et aspirations et, par là, vous avez toujours cherché à lier votre patrie à la nôtre
par un lien nouveau. Dans l'histoire
séculaire de nos deux nations, l'une
moderne, l'autre antique, commence à
partir de ce jour, un nouveau chapitre qui

le drapeau tricolore a été amené. Dans l'unique page qu'il consacre au lendemain, au dernier jour, on sent que Georges Tailleur n'aime pas le mélodrame. La nostalgie n'a droit qu'à trois lignes, quand deux anciens combattants indiens s'accrochent à sa voiture, au moment où elle démarre, et lui hurlent : « Ne partez pas, ne partez pas. » Quel regard a-t-il tourné vers eux, et qu'ont-ils lu dans ses yeux ? À la résidence du gouverneur, au soir du 2 mai, il ne reste qu'un seul homme, Samy, domestique hindou. Les deux autres, le musulman et le catholique, ont déjà gagné Pondichéry, en compagnie des cinq cipayes, pour se mettre en sécurité. Que ressent-on le 2 mai 1950, « à quinze heures exactement », quand une auto quitte un confetti de l'empire au crépuscule ? Que laisse-t-on de soi ?

Et je me demande, de nouveau, pourquoi il n'existe toujours pas d'appareil à enregistrer les sentiments. L'essentiel, Georges Tailleur ne l'a pas écrit. Il l'a déposé dans le coffre-for intérieur et l'y a laissé pour la paix éternelle. Qu'a-t-il vu dans les yeux des gurkhas de la garde d'honneur, passée en revue au matin du 2, avant le départ pour Calcutta ? Vers quinze heures, sa voiture franchit un pont avec, inscrites dans la pierre, les armes d'une république d'Europe qui a pour devise une troïka d'utopies. Georges Tailleur emporte le drapeau amené la veille. L'Empire entame une lente phase de démembrement dans le monde, notamment en Afrique ; c'est là que l'administrateur a à faire, désormais.

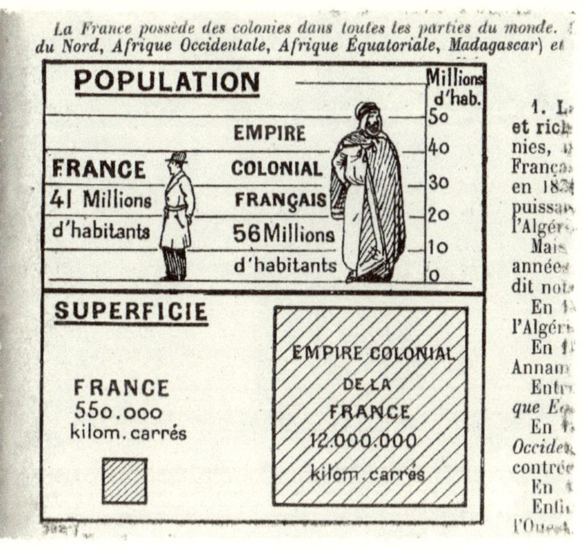

Le carnet d'Afrique

Les gravures en couleurs que le gamin de huit ans a sous les yeux l'impressionnent au point qu'elles le conduiront loin, adulte. Afrique, un rêve éveillé. Les images fausses mènent loin les enfants sages. Vers 1970, on vend dans les papeteries des carnets d'images (d'Épinal) dédiés à l'édification des élèves, sur tous les thèmes qu'il est d'usage de connaître. L'enfant est attiré par l'un d'eux dans la librairie-papeterie de sa tante, à l'autre bout du village. Derrière la couverture cartonnée rouge vif commence le voyage d'un bout à l'autre d'une Afrique lissée, policée, qui, dans le passage des photos d'origine à la gravure, a glissé de la réalité à un conte de fées décliné en une cinquantaine de dessins. Est-ce l'Afrique qui le

fascine autant ou n'est-ce pas plutôt ce succé-
dané d'Afrique, où tout est réduit au format
70×50 mm, comme à travers une visionneuse
Lestrade ? Au recto de chacun, un texte didac-
tique à l'encre violette, proche de celle qu'à
l'école primaire, au même moment, l'enfant
puise avec sa plume Sergent-Major dans l'en-
crier de porcelaine inséré dans le pupitre. Sages
comme une image, l'expression convient à la
perfection pour ces chromos qui inventent une
Afrique en plein essor, où même les mineurs de
Johannesburg, casqués, ont le sourire magni-
fique. Quel ministre de la Propagande a inventé
une Afrique pareille, se demandera ensuite
l'adulte descendu de l'enfant, et pourtant cet
adulte ne pourra pas nier l'influence que cette
Afrique d'Épinal aura eue sur lui.

*

L'une des images a pour légende *Maroc: la
palmeraie de Marrakech*. Je feuillette aujour-
d'hui le cahier de géographie dans lequel j'avais
collé, au bas d'une page, ladite palmeraie. Un
minaret formidable s'élève à gauche, la Koutoubia. Les palmiers semblent une dernière
oasis de douceur avant la muraille polaire de

Au fond, le massif du Toubkal.
▲ Djebel Toubkal : 4165 m.

l'Atlas, figée dès une altitude basse sous une neige que l'enfant croit aussi éternelle que lui. Et, surtout, cet Atlas est si altier, si imprécateur et proche... J'aurais dû me méfier, en découvrant, des années plus tard, *L'homme qui en savait trop*, dans la version de 1956. Une Koutoubia nocturne apparaît dans l'encadrement de la fenêtre d'hôtel où chante Doris Day, Koutoubia *made in Hollywood* comme les scènes tournées sur Djemaa el-Fna, sans Atlas en arrière-plan. Comme James Stewart, j'aurais dû me tenir sur mes gardes. J'aurais dû m'inquiéter de l'absence d'Atlas et ne pas prendre pour argent comptant les gravures. Mais voilà, Hitchcock fut le second appel à me rendre au pied de l'Atlas et ce fut fait peu après avoir découvert ce film.

Je suis entré en Afrique de nuit, après avoir été guidé vers elle par une bande de dauphins mutins à l'avant du navire, puis après avoir vu monter le crépuscule dans les bâtiments de la douane, à Tanger, où tout fut fastidieux. Autocar pour Casa à la nuit tombante. Je suis entré en Afrique par une route infiniment rectiligne, déserte, entretenue exclusivement pour ma venue et au bord de laquelle avaient poussé de petites villes blanches aux maisons rabougries, aux artères excessivement lumineuses, avec un terre-plein central passé à la chaux, agrémenté de plantes desséchées. Je ne cherchais pas à dormir. Les arrêts se sont raréfiés. À l'aube, ce fut soudain Casa, l'Afrique des images de l'enfant, avec de hauts immeubles, l'Afrique comme il l'avait crue, fringante, et un café crème près de la gare routière, avant de prendre la correspondance pour Marrakech.

C'est alors que j'ai vu l'Afrique du Nord en plein jour. Le nouveau car n'avait pas la superbe de son prédécesseur tangérois. Il brinquebalait empoussiéré, sali par la boue d'une pluie ancienne. Des aveugles montaient aux nombreux arrêts, ils montaient avec le risque de glisser un pied par une brèche dans le plancher. En quelques heures, à cause du lever du soleil, le pays s'était appauvri fortement. Le soleil chauffait des carcasses de vaches mortes qui sait depuis quand de n'avoir rien à brouter dans ce qui n'était pas un pré. Des carcasses, des aveugles sans lunettes, avec leurs yeux pour rien mais grands ouverts, une route intolérable et de la chaleur à revendre, qu'on aurait pu exporter par pipeline vers la toundra. Où étaient les images du vieux carnet ? J'avais beau avoir été averti pendant mes études tiers-mondistes, j'avais toujours à l'esprit les chromos de 1970. À Marrakech, Djemaa el-Fna n'avait rien d'hitchcockien. On avait démonté les échoppes pour cause d'émeutes trois ans plus tôt et la place était redevenue vaste, dégagée. Visibilité excellente, pour la police. La Koutoubia était là avec ses palmiers tutélaires, mais d'Atlas, point. *Tabula rasa.* Que deviennent les montagnes, l'été ? Migrent-elles vers leur grand Nord ? À Grenade, déjà, la Sierra Nevada m'avait fait faux bond. Et maintenant, de la palmeraie comme du bassin de l'Aguedal, je cherchais l'Atlas et ses neiges éternelles. J'étais bien entré dans l'image, j'en étais bien un personnage, mais en me prenant dans ses rets, elle avait changé.

J'aurais dû me douter que l'été, l'Atlas ne jouait plus à l'Himalaya.

*

Chaque voyage procéderait-il d'une tromperie initiale ? J'ai voulu en savoir plus et m'assurer qu'il existait bel et bien, l'Atlas de 1970, qu'il ne s'était pas retiré dans un royaume d'outre-sables. Aussi l'ai-je cherché, et trouvé acculé dans ses derniers retranchements, peu avant le désert, derrière des rideaux de brume innombrables, au terminus d'une ligne d'autocar. C'était dans un village berbère d'une haute vallée dont le nom m'échappe, au pied du Toubkal qui ne cherchait à impressionner personne ce jour-là. L'accueil des Berbères, les masures en pisé dans lesquelles il faisait presque bon dissipaient la déception. L'Atlas existait déneigé, raboté, là où j'avais espéré une barrière à tout le moins pyrénéenne. Or ses pentes avaient un velouté, quelque chose d'accessible qui me déroutait et j'ai préféré reprendre la route le jour même ; tourner le dos à l'image de 70.

Le retour ne se fit pas en autocar, parce que le dernier était parti depuis belle lurette. Je l'effectuai en stop, vite pris en charge par un

44

écrivain anglais (il s'était présenté tel) compatissant, qui maugréait dans un français châtié, au volant d'un engin qui n'était plus depuis longtemps une voiture. Son chauffeur menaçait de m'abandonner au bord de la route lorsqu'il aurait retrouvé *ses* ouvriers, lesquels auraient dû se présenter au petit matin à sa porte, dans la montagne, et qui, d'après sa connaissance de l'homme local, avaient dû tomber en carafe et attendaient qu'il vienne à leur rencontre. Pour ma chance, ces ouvriers avaient eu le bon goût d'enfiler eux aussi quelques voiles de brume et nous ne les vîmes pas de tout le trajet, de sorte que je pus descendre de l'engin à Marrakech même, abandonné à un carrefour que je revois encore par un écrivain rogue dont j'ignore le nom.

Vingt-deux ans après le Toubkal, une autre montagne devait aussi me poser problème, le Fuji, que Michel Butor définit comme « l'œuvre d'art par excellence » pour les Japonais. À cinq occasions, pendant mon premier séjour nippon, j'ai été en situation de l'apercevoir. Chaque fois, il est demeuré invisible. Du haut de la mairie de Tōkyō, au bord du lac Ashi, en passant à ses pieds en train, à l'aller comme au retour d'Osaka, puis après le décollage de Narita. Tout accréditait l'hypothèse de Jacques Roubaud selon laquelle le Fuji n'existe pas. Il serait une légende ancrée dans le monde des contes et des estampes, au détour des « Cinquante-trois étapes du Tōkaidō » ou des « Cent vues du mont Fuji ». Michaux avouait être passé à côté du Japon, dont, à l'époque, l'aspect militariste lui avait masqué le reste. Je me suis reconnu dans son impression. Cette partie de cache-cache avec l'emblème de l'archipel était une autre manière de rappeler à l'étranger que l'essentiel ne se donne pas. Il faut suer, aller à sa rencontre comme on chemine vainement sur les flancs du mont Analogue. Il me rappelait aussi, ce mont Fuji, que le monde des estampes et des gravures colorées (*Maroc: la palmeraie de Marrakech*) est avant tout un mensonge nécessaire, celui de l'enfance. Aujourd'hui, je feuillette un grand cahier de géographie. *Année scolaire 1974-1975, 6ᵉ 5.* Le temps fait mentir le grand cahier. Tchad, avais-je écrit, capitale *Fort-Lamy*. Sur une image, des pêcheurs viennent d'aborder la côte du lac Tchad et déchargent des poissons près de leurs cases. Scène bucolique, benoîtement heureuse. En trente ans, depuis l'image, ce lac a reculé aussi vite que l'idée que je m'étais faite de l'Afrique. Aussi vite que les neiges ont fondu sur le toit du

continent noir. *Tanganyika: le Kilimandjaro.*
Une demi-douzaine d'éléphants sont au repos
sous ce qui semble une forêt de grands cèdres
et au-dessus, à l'arrière-plan, dernier sommet
à me tromper, le Kilimandjaro enneigé. Cette
année 2006, dans les journaux, je l'ai découvert
pour la première fois avec le crâne dégarni, tout
avait fondu et j'ai compris qu'au même moment,
c'est un pan de l'enfance qui disparaissait. Oui,
une branche de l'enfance, par laquelle la sève des
premières années montait encore, et qui venait
de rompre net. Les images m'avaient trahi. Vous
vivez, un peu de temps passe, un tiers de
siècle, un bon tiers de vous, et quand vous

vous retournez la planète n'est plus la même. « Hemingway, écrit Enrique Vila-Matas, était persuadé que les neiges du Kilimandjaro, qu'il identifiait avec la mort, étaient définitives, éternelles. Nous aussi, nous en avons été persuadés jusqu'à il y a très peu. Dans un monde où tout s'accélère et se transforme, il était rassurant de savoir que la mort, comme la neige sur le sommet du Kilimandjaro, serait toujours intouchable, délicieusement froide et stable. » Cette fonte nous a bouleversés, plus troublante, sans doute, que si les Grecs avaient appris que le toit de l'Olympe était désert, abandonné des dieux. Pour la santé de notre imaginaire, les montagnes sacrées devraient le rester.

*

Dans un autre cahier, du CM2 cette fois, à la leçon « Le Rhône – son utilité », je retrouve une autre image trompeuse : *Le glacier du Rhône*. Au verso, il est écrit à l'encre violette que le Rhône naît en Suisse à 1 753 m d'altitude, au pied du glacier représenté sur la gravure. Longtemps plus tard, je suis entré dans l'image, venant d'Andermatt au volant d'une voiture de location. J'avais complètement oublié le dessin.

Nous avons trouvé une chambre dans un hôtel surgi du XIXe siècle, accroché à l'un des lacets de la Furka, vers 2 200 mètres. Année après année, le glacier a enroulé sa langue blanche, elle ne lèche plus la vallée depuis longtemps. Fondue pour une bonne part, elle pend bien plus haut, chaque année un peu plus haut. Le Rhône ne naît plus à 1 753 mètres depuis longtemps. Celui qui excursionne dans le fond de la vallée glaciaire, vers 1 753 mètres, remonte une manière de calvaire avec, aux principales stations, inscrit sur des panneaux, l'endroit jusqu'où poussait l'avant du glacier cent ans, deux cents ans plus tôt. En comparant une série de clichés, j'ai retrouvé l'origine de la gravure en couleurs : une photo de la Belle Époque. Dans son lent martyre vers son Golgotha, ou plutôt son Gothard, le glacier s'est réfugié dans l'antre où il achèvera de fondre dans peu d'années.

Quelles puissances s'acharnent à refondre la géographie de l'enfant ? Il y a quelque temps, j'avais décollé de Tachkent et l'avion s'était incliné comme pour montrer aux passagers l'élégance des montagnes du Tian shan, puis il avait mis le cap sur la Russie. Un moment plus tard, après avoir suivi le cours d'un fleuve entre les dunes, l'appareil – Iliouchine ou Antonov à double pont, gros porteur précurseur dans ses capacités de transport et non pas en matière de climatisation – avait survolé une étendue d'eau étonnante, car bordée par deux côtes successives : l'ancienne, qui avait laissé une auréole, ourlait un nouveau rivage. Il n'avait pas fallu vingt ans à la mer d'Aral pour se rétracter comme une peau de chagrin. À dix mille mètres d'altitude, les passagers faisaient de l'archéologie aérienne. Recroquevillée dans ses dépressions, Aral révélait aux voyageurs du ciel sa grandeur passée, en limite de laquelle des ports sur cale sèche s'ouvraient sur une steppe de sel. Le survol n'a pas duré plus de quelques secondes. L'agonie d'une mer, la contraction d'un lac et la fuite des neiges de plus en plus haut, aucune gravure de l'enfant ne les laissait présager et je leur reproche, aujourd'hui, d'avoir tu des crimes en cours.

Oui, tout cela s'est amenuisé peu à peu, comme la vision angélique que je m'étais formée de l'Afrique, jardin d'Éden d'où l'explorateur, l'honnête fonctionnaire ou le commerçant revenait, aux yeux de l'enfant, cousu d'or et brodé d'argent quand ce n'était pas couvert d'honneurs. Cela ne faisait pour lui aucun doute, d'autant qu'au bout de la rue des promenades du jeudi il y avait la villa blanche, sa preuve. Dans cette demeure vivait une amie ou connaissance de sa grand-mère maternelle. Demeure à demi cachée de la rue par des fourrés de bambous et par un bananier, demeure à un étage, d'une architecture alambiquée pour l'humble quartier, que j'associe, dans mon souvenir, à une villa géorgienne. Mais ce que j'en garde de plus fort est sa blancheur, une certaine idée de l'opulence par contraste avec les pavillons falots du voisinage, flanqués de potagers très sages. Cette amie ou connaissance de ma grand-mère avait vécu à Douala, nom qui me renvoyait, à huit ou neuf ans, à l'une de mes gravures préférées, *Cameroun : le port de Douala*. Tout était lumineux et industriel là-bas sur la foi de cette

vue non pas aérienne mais prise de haut, j'ignore
d'où, vue dominée par des entrepôts por-
tuaires nets et animés, avec des grues en forme
d'hippocampe comme je n'en reverrais qu'à
Rijeka, inclinées vers de longs cargos, ou vra-
quiers, rouliers, reposant sur l'estuaire azur et
largissime qui glissait sous un pont aux piles
multiples reliant deux quartiers d'une ville heureuse, à n'en pas douter, sous ce ciel généreux. Si
bien que quand, avec ma grand-mère, nous marchions dans la rue Edmond-About déserte et,
dans mon souvenir, toujours ensoleillée, puis
que nous passions devant la villa géorgienne, au
moment où la rue forme un coude, je prenais un
bain rapide d'Afrique, et tout, de la façade
blanche au parc, à la superficie de la parcelle,
inhabituelle pour ce quartier du Puy-Lannaud,
me persuadait qu'il avait dû faire bon vivre au
Cameroun, dans les années trente à cinquante,
et qu'on s'y enrichissait vite en expédiant vers
l'Europe les marchandises du port de Douala.
Suis-je entré un jour dans la villa géorgienne ?
Peut-être. Il me reste le souvenir d'une dame
frêle au parler lent et bourgeois, devant laquelle,
mais je me trompe sans doute, ma grand-mère,
quoique amie, mais de condition plus humble,
se tenait un peu comme devant une châtelaine
sinon une duègne, et ne voulait jamais rester

longtemps (la crainte de *gêner*, d'être importun, qu'ont toujours les gens modestes), de sorte que, passant à l'improviste, nous n'avons jamais dû nous attarder plus de quelques minutes au milieu de meubles recherchés, sur lesquels devaient trôner des pièces d'ivoire, des souvenirs de Douala, nom qui relevait d'une onomastique du sacré, et que la dame frêle prononçait sur un ton particulier, parce que, j'imagine, il réveillait les années où elle était à son apogée, à l'opposé de son existence désormais assagie, cantonnée dans la maison blanche au toit plat – une audace, dans ce pays de pluies – et dont les fenêtres du salon, rompant la monotonie des lignes de la façade, formaient, je crois, un petit arrondi. Chaque jour, depuis un tiers de siècle, ce souvenir s'est éloigné un peu plus de moi sans que je le convoque, et ce n'est qu'aujourd'hui que je tente de le restituer ; voici qu'il en ravive un autre, celui d'un homme que je ne voyais pas souvent mais qui, invariablement, était associé à l'Afrique noire et à la défense d'ivoire, dans laquelle était sculpté un beau visage, qu'il avait offerte à mes parents. C'était un cousin à je ne sais quel degré, du côté paternel de la famille, qui avait servi dans la gendarmerie coloniale au Congo-Brazzaville, avait acquis là-bas du galon si bien qu'à l'indépendance, ou peu de temps avant, Fulbert Youlou, l'abbé Fulbert Youlou devenu homme d'État, avait fait de lui son chef du protocole. L'enfant que j'étais connaissait donc une manière d'aventurier, qui avait côtoyé les grands hommes du continent des images d'Épinal. On le remarquait à son air d'importance, à son aisance « ministérielle » et à sa voix forte. D'autant plus aventurier que, lorsque le président Youlou fut renversé en 63 et que lui succéda Alphonse Massemba-Débat, il lui fallut regagner d'urgence la métropole. Un jour, l'enfant surprit cela, dans la conversation des adultes : régulièrement, après 65, année où l'abbé avait fui le Congo-Brazza, le cousin allait lui rendre visite dans son exil madrilène, jusqu'au jour où, en signe d'avertissement, il retrouva ses quatre pneus crevés. Le cousin avait-il continué de le voir ? Rien n'est moins sûr. Et l'abbé ? Qu'avait-il fait du reste de sa vie, au beau milieu de l'Espagne ?

À cette époque – je n'étais pas encore entré dans mes années dix – survint dans ma vie un microévénement qui aurait dû passer inaperçu : une collègue de ma mère m'offrit un manuel de géographie de sixième, consacré à l'Afrique. Sur sa couverture, une vue aérienne du cratère du Kilimandjaro zébré de neige. Le manuel eut pour conséquence immédiate d'amplifier et de prolonger l'effet du carnet d'images et me laissa croire, avec sa multitude de photos, que le continent magique se rapprochait de moi, que j'approchais au plus près de sa réalité : j'étais un apprenti explorateur. Combien de temps durerait cette phase ? Je n'étais pas dans l'impatience, tout viendrait à temps, j'irais tôt ou tard de l'autre côté de l'horizon sud, le seul digne d'être regardé sans cesse, comme si devaient en monter des images, des scènes lointaines réverbérées par la chaleur. Un jour de canicule, comme l'enfant jouait seul près du collège, sur les énormes tas de terre d'un chantier, il s'est dit qu'il faisait sans doute aussi chaud qu'au Sénégal. Pourquoi, précisément, le Sénégal ? Pour les pyramides d'arachide représentées sur les gravures, que lui rappelaient ses montagnettes de terre ? De soutenir une telle température, sans ciller, il en avait conclu qu'il était mûr pour l'Afrique, pour se présenter aux portes du palais du négus ou traverser le port de Douala. L'Afrique avait envoyé son souffle chaud lui caresser les joues, il n'en doutait pas.

Dans ces temps-là, une nuit, une tempête déposa sur le bord de sa fenêtre une pellicule de sable rougeâtre. Au réveil, on lui expliqua qu'un vent du Sahara avait soufflé jusqu'ici et on prononça un mot qui sonnait furieusement bien : sirocco. Ce qu'il accumula dans sa paume, ce matin-là, était un peu de Sahara. Il referma la main sur ce désert et sur ses mirages. Était-ce un message ? L'Afrique, cette nuit-là, était venue battre contre la fenêtre derrière laquelle il dormait, rêvait sans doute d'entrer, en tant que personnage, dans le manuel de géographie.

*

Ce n'est que longtemps plus tard, profitant d'une occasion – un ami nommé professeur à Dakar – que l'enfant s'aventure en Afrique noire. Aucun chromo du carnet d'Afrique ne l'y précède si ce n'est celui-ci – *Sénégal : l'arachide* –, où ladite arachide, amoncelée en pyramide, s'écoule sur un tapis roulant pour aboutir dans la benne d'un camion. Ce n'est pas une des images les plus marquantes, non, et dès lors, la plongée dans ce monde attendu ne sera pas gênée, contrairement à celle dans Marrakech sans Atlas. Le Sénégal rêvé ne colle pourtant pas avec le réel. Impossible, où que ce soit, de retrouver un iota du merveilleux qui avait donné rendez-vous là à l'enfant. Le merveilleux lui aussi pose des lapins.

Ainsi, j'ai découvert les baobabs creux et les vendeurs de mangues des bords de route, les routes empoussiérées et leurs *cars rapides* bondés, les pirogues incurvées comme des arcs (ou des parenthèses), avec lesquelles les pêcheurs franchissaient la barre, et les marchés de Dakar, la place de l'Indépendance en photo dans le manuel, tout cela non pas avec indifférence mais avec une satisfaction amusée, aux antipodes de l'enchantement, me chuchote l'enfant. Comme si son Afrique était périssable, n'était bonne que sous la forme d'un continent de papier et de dessins. Ou, encore, comme si le merveilleux, conservé vaille que vaille tel un parfum d'années lointaines, s'était éventé. Il a fallu que je monte en direction du nord, après Thiès, pour que quelque chose d'ancien me reprenne. À quoi cela tenait-il ? Aminata, la jeune Sénégalaise avec qui nous voyagions, reconnaissait les pistes. Elle-même était sérère, elle connaissait plusieurs dialectes, dont celui des Peuls. Nous nous sommes écartés de la route nord-sud. À l'arrière du 4×4, Aminata révisait Zola, en vue, je crois, de passer un bac tardif. On l'entendait chanton-ner des bribes de Sardou, sans conviction, au-dessus de *Germinal. Dans le Lot-et-Ga'onne, on bouffait du cu'é.* Elle portait un boubou sobre, qu'elle s'était taillé dans le rideau d'un lycée. Quant à moi, je progressais à l'intérieur d'un roman-fleuve, *Le Grand Hiver.*

Un vent de Sibérie soufflait sur la Bohême.

Et le paysage changeait lentement. Des termitières de plusieurs mètres balisaient ce qui n'était pas encore le désert. Les Peuls dans le village desquels nous avions fait halte nous ont invités chez eux. C'était une case tout en longueur, conçue avec des branches et des roseaux, dont la base était consolidée avec de la paille. À l'intérieur, ils ont allumé un feu et soufflé sur les braises pour que chauffe l'eau du thé. Cela a duré longtemps. Je les écoutais parler entre eux. Le sol n'était pas vraiment moelleux, la température devenait accablante. J'aurais aimé sortir de là et reprendre la route. Entre eux, que disaient-ils ? Leur langue, je l'ai remarqué au bout d'un temps, était crénelée de quelques mots français. Dans leurs conversations à mi-voix surgissaient parfois « quatre heures trente » ou alors un mot de jargon technique. Leur langue n'avait pas prévu que le temps pouvait s'exprimer. C'est le colon qui avait apporté la montre, la hâte et le retard dans le paquet-cadeau de sa civilisation. Et moi qui cuisais et ne savais pas attendre, là-dessous… Parfois, ils sortaient. L'un d'eux revenait, soufflait sans passion sur les braises, sans un mot à notre adresse.

Après le premier service, il fallut patienter jusqu'au deuxième. Il y en eut trois, je crois, et le thé fut de plus en plus sucré. Ces personnes n'avaient aucune conscience de leur lenteur et, bien qu'exaspéré, j'appréciais qu'ils ne jouent pas aux types *super bookés.* Qu'ils nous consacrent, sans nous connaître, le plus clair de leur temps. Lorsque nous avons repris la route, sous un ciel blanchâtre, le désert sur lequel résistaient quelques arbres était sans couleur. Nous avons retrouvé l'asphalte au bout d'un moment et débouché au bord d'un fleuve rapide. L'endroit s'appelait Rosso, poste-frontière. De l'autre côté du fleuve, c'était la Mauritanie et je me suis approché de la berge pour quelques photos de ce pays où l'on ne va jamais, qui présentait une rive plantée de quelques palmiers, c'est tout. Rosso suintait l'ennui des terminus, des voies de garage ou d'un 15 août. Un bac reliait peut-être les deux rives de temps en temps, je ne sais plus. Peut-être la liaison était-elle suspendue, car l'année précédente, les Noirs de Mauritanie avaient été massacrés. À cet endroit-là, le Sénégal était très large et, comme nous étions à la saison des pluies, il avait un joli débit. Deux, trois clichés puis un douanier m'a alpagué. La bande grisâtre que j'avais photographiée était un lieu

stratégique, l'interdiction de prendre des vues
devait être spécifiée quelque part sur un panneau arraché et maintenant, je devais suivre le
représentant de l'ordre dans la bâtisse dont
il avait surgi. (À Dakar, à la nuit tombée, certains flics, disait-on, louent leur uniforme à des
petites frappes, lesquelles se postent à des carre-
fours pour infliger des amendes à d'inno-
cents automobilistes, sous des prétextes futiles,
absurdes, comme le non-respect d'un panneau
qui, naguère, était bien planté là.) À l'intérieur
de l'édicule, ils étaient trois, qui disputaient une
partie de Scrabble. Je ne les dérangeais pas, au
contraire. Il se passait enfin quelque chose et
moi, j'étais très ennuyé, nous voulions atteindre
Saint-Louis avant la nuit. Ils ont interrompu la
partie et pris un air moyennement sévère, dubitatif ; ils constataient bien que je faisais un
espion plutôt médiocre et n'aurais jamais trouvé
place dans un livre de John Le Carré. Je leur ai
tendu mon passeport, derrière lequel ils se sont
attroupés, curieux de savoir quel nom portait
leur prise de guerre. Je les ai vus alors sourire
et changer du tout au tout vis-à-vis de moi.
Ils me congratulaient presque. Auprès des éditeurs, mon nom suscitait régulièrement la même
question, êtes-vous de la famille de Jean-Pierre
Faye ? Là, à Rosso, on ne me posa pas de

question, je n'avais pas le faciès d'un ancien roi sérère et pourtant je portais bien leur nom, ce qu'ils me rappelèrent en plaisantant. Ce patronyme était répandu au Sénégal. Par le hasard de l'orthographe mon nom, qui dérive de l'ancien français *fayard* et du latin *fagus*, signifiant le hêtre, me servait de sauf-conduit près du désert. Une chance, sans doute, d'être tombé sur des douaniers sérères. Depuis lors, j'ai cessé de photographier les fleuves grisâtres. Quant aux douaniers, qui m'avaient laissé repartir sans me faire payer d'amende, et qui ne confisquèrent pas non plus la pellicule photo, ils entament probablement une énième partie de Scrabble au bord de leur point stratégique, de leur bout de frontière morte, pendant qu'au fond d'une boîte elle-même au fond d'un tiroir, entre une pirogue peinte et les demeures décrépites de Saint-Louis, le point stratégique sommeille sous forme de diapositive. Elles témoignent, ces images minuscules en léthargie, que je ne ressors jamais, que je n'ai pas retrouvé en elles la magie du carnet d'Afrique, pas même dans les ports du littoral, pas même sur cette plage qui nous avait servi de route entre Saint-Louis et Dakar, avec, dans le faisceau des phares, de petits crabes qui filaient de profil par centaines, à l'approche des roues, jusqu'à ce que, par inadvertance, nous nous trouvions au milieu d'un filet que des pêcheurs remontaient en chantant.

Le soir, nous avons fait halte à Mboro, l'un des quelques villages de pêcheurs au nord de Dakar. Plusieurs cases y étaient aménagées en chambres d'hôtes, et, bien qu'il y eût coupure de courant générale ce soir-là, donc pas d'eau au robinet, nous avons décidé de jouer les durs et de prendre tout de même des chambres. Pour remédier au manque d'électricité, on fournit un seau d'eau et deux bougies par chambre. Peu après avoir soufflé la flamme, m'émerveillant du silence dans lequel la localité dormait, j'ai perçu une suite de petits craquements qui n'auguraient rien de bon. Craquements, ou plutôt crapahute-ments, car le bruit avait la faculté de se déplacer, certes à un train de sénateur, mais il se dépla-çait incontestablement. M'armant de courage, j'ai rallumé la bougie et, en promenant la flamme vacillante dans les recoins de la pièce, j'ai loca-lisé l'intrus : un avatar local de la blatte, doté d'ailes de surcroît, le tout atteignant les six centi-mètres.

Je n'ai plus fermé l'œil de la nuit. Ce qui s'écoula dès lors était du temps pour rien, du temps grotesque, un œil sur le dictyoptère blindé et sa trajectoire possible, l'autre sur la bougie qui n'avait rien d'autre à faire que de diminuer, diminuer. Lorsque la seconde bougie en fut à son dernier tiers, je m'inquiétai : tiendrait-elle jusqu'au terme de la nuit ? La perspective de retrouver l'obscurité m'était insupportable. Quant à aller écraser le monstre erratique, hors de question. Ce fut une nuit à haute teneur métaphorique et arithmétique, dont certains paramètres m'étaient inconnus, comme l'heure à laquelle renaît le jour, mais j'avais évalué la vitesse de combustion de la bougie et, de ce fait, l'heure à laquelle la mèche s'inclinerait dans une petite flaque de cire liquide, jusqu'à s'y noyer.

Comme dans les bons westerns, la cavalerie me délivra à l'instant où les sauvages comptaient donner l'assaut. Les compagnons de l'autre chambre, qui n'avaient pas non plus fermé l'œil, en raison, pour leur part, de moustiques à toute épreuve, et moi-même sommes sortis à l'air libre. L'air libre ? Le village avait très mauvaise haleine. Il roupillait sous une chape de puanteur qui aurait indisposé un putois. La veille, nous avions remarqué des manières de puits dans lesquels pourrissaient les poissons que la chaîne alimentaire globale transformait ensuite en cubes de soupe. Mais une brise marine devait alors souffler, cela ne sentait guère.

Nous avons fui. La pirogue *Free Mandela*, comme toutes les autres, surmonterait la barre, dans la journée, comme tous les autres jours, afin que des poissons fermentent pour remplir des bols lointains.

L'enfant de 1970 aurait-il dû se douter de quelque chose ? Les images du carnet, les photos du manuel de sixième auraient-elles pu l'alerter ? Je les passe en revue aujourd'hui, 7 juillet 2007 : *Union sud-africaine : coulée de l'or en fusion* ; *Gabon : fabrique de contreplaqué à Port-Gentil*. Et aussi : *Congo : mines de cuivre du Katanga*. Qu'elle était industrieuse et paisible, l'Afrique, peuplée d'un cap à l'autre d'hommes de bonne volonté... Le menuisier de Port-Gentil scie, le manutentionnaire du Katanga décharge d'énormes lingots de cuivre, le contremaître aux lunettes fumées surveille l'écoulement de l'or en fusion. J'aurais dû me dire que quelque chose fonctionnait trop bien dans mon Afrique du carnet. Que le marché de Bangui, idyllique comme un paysage de Bruegel l'Ancien, cachait quelque chose. Ceux qui avaient décolonisé avaient laissé le continent propret comme un sou neuf, *dans l'état où vous auriez aimé le trouver en entrant*. Une phrase, que j'avais copiée soigneusement dans le cahier de sixième, aurait dû pourtant éveiller mes soupçons : « La ségrégation est la mise à l'écart d'un groupe d'hommes pour des prétextes divers. » D'autant plus qu'au-dessous, j'avais collé la vignette *Union sud-africaine : coulée de l'or en fusion*, où l'homme qui surveille la fabrication en lingot est un Blanc en chemise blanche et cravate. Cette phrase sur la ségrégation, je l'avais apprise par cœur, sans qu'elle écorne le moins du monde mon mythe noir.

*

Oui, le contreplaqué est débité en tranches fines à Port-Gentil, l'or coule au robinet en Afrique du Sud, le port de Douala s'active et les lingots du Katanga, charriés sur des diables, étincellent dans la mémoire de l'enfant qui s'est endormi et se réveille adulte. Les lacs rétrécissent et les neiges fondent, le mythe a fondu à mesure que l'adulte a appris l'Afrique réelle. Nos Atlantides modernes sont des sites dont le cataclysme est l'homme. À quel moment mon émerveillement africain a-t-il marqué le pas ? Vers où ses sources ont-elles été détournées, qu'ont-elles irrigué ? Après Maroc et Sénégal, l'Afrique n'a plus jamais joué son rôle de pôle magnétique. En 2003, j'étais invité à Alger, quand un tremblement de terre empêcha le voyage à la dernière minute. L'Afrique dont je m'étais détourné se détournait à son tour. Je garde pourtant une dette de reconnaissance envers le carnet d'images bourré de mensonges, de promesses non tenues. Où était-il conçu ? Où était la fabrique aux illusions ? Et les dessinateurs, qui étaient-ils ? Leur demandait-on de mentir ou le faisaient-ils à leur insu, pour *s'adresser à des enfants* ? Savaient-ils quel pouvoir d'enchantement ils détenaient ?

Le bruit du monde

Longtemps, l'enfant a gardé contact avec le merveilleux par la simple pression d'un bouton, celui du radio-réveil posé dans une niche du cosy, près de l'oreiller. Il avait en tête les heures de plusieurs émissions. Parfois, il suffisait de quelques notes, comme on appuie sur certaine pierre d'un mur, dans les châteaux, pour basculer, tomber *de l'autre côté*. Il veillait au lit en lisant et ses yeux se fermaient sur le livre, se rouvraient un peu plus tard sur la même page, et, ainsi, il tenait bon jusqu'au flash de minuit. Dans le silence de la campagne, troué par le ronflement d'un moteur qui tirait un petit trait sonore puis s'estompait, ou par le miaulement d'un train de nuit qui filait en direction de la Grande Ourse, il attendait le générique de l'émission qui devait suivre, quelques minutes après le changement de jour. Ouverture d'un opéra qui durerait sept jours, le générique s'étirait, s'étirait. C'était un long morceau de musique dont j'ignore qui le composa, et que le présentateur laissait bien se développer deux à trois minutes, dans mon souvenir. L'enfant aurait aimé l'écouter pendant des heures. Cet enchantement hebdomadaire s'élevait comme la « petite phrase » de la sonate de Vinteuil ; c'était une mélodie entêtante, une énergie primitive, printanière, qui imprégnait l'esprit, énergie qui à l'instar de Swann chez Mme Verdurin, hissait l'enfant « vers un bonheur noble, inintelligible et précis ». Quelle main, loin au nord, dans un studio de la Maison de la radio, lançait la bande *magnétique* de l'émission ? Et qui donc avait composé, un jour de grâce, l'étrange morceau, à la fois wagnérien et inquiétant, en phase parfaite avec la nuit dense ? Un bon quart de siècle plus tard, « ma » sonate de Vinteuil, s'il m'était donné de l'entendre de nouveau, réenchanterait sans nul doute l'espace et le moment où je l'écouterais. L'émission débutait dans les premières minutes du lundi, à la fin des années soixante-dix, à moins que ce soit un peu plus tard, je ne suis pas certain de la période, « notre imagination étant comme un orgue de Barbarie détraqué qui joue toujours autre chose que l'air indiqué » (Proust, quelque part dans *Le Côté de Guermantes*). Et derrière France Inter en sourdine, de mon lit, j'écoutais, en fond, la rumeur de la route nationale. Qui roulait, à pareille heure ? Les automobilistes conduisaient-ils dans un état somnambulique, en écoutant le générique ? Au bout de deux ou trois minutes, quand commençait l'émission proprement dite (dont j'ai tout oublié, sinon qu'elle passait avant *Les Tréteaux de la nuit*, peut-être), j'éteignais tout, lumière, radio, radieux, convaincu de la qualité des jours à venir.

À la même époque, le merveilleux diffusait dans l'air du soir des noms étranges, toujours sur France Inter, bien plus tôt. Ils coïncident, dans mon souvenir, avec la période des congés de Pâques, dans le Sud. *Dogger, Viking, Humber*. Il faut dire que nous dominions la mer et l'entendions du haut de nos terrasses, peu avant Collioure. À l'heure de la météo marine, qui pouvait se retenir de dériver vers le gris des vagues et les premières lumières, du côté d'Argelès, quand la voix éthérée égrenait des mantras hypnotiques : *Utsire, German, Ouest Beaufort. Mer d'Irlande*. Je ne doutais pas qu'il s'agissait d'un langage crypté, d'une série de messages codés. Dans le microcosme des ports, on savait pertinemment les décoder. *Ouest Sardaigne, Fischer, Finisterre…* À l'évocation de ces petites mers dans la mer, des pêcheurs prêtaient attention et fronçaient sans doute les sourcils, ou bien poussaient des soupirs de soulagement, échangeaient des sourires de connivence.

Même éteints, j'aimais les postes de radio, les bons vieux récepteurs à lampes. Combien de langues connaissaient-ils ? Plus encore que les écouter, j'aimais les regarder, cadrans allumés, et demander à leur barre verticale rouge de parcourir cette géographie sonore qui composait une Europe sens dessus dessous, où les grésillements de Lahti voisinaient avec les notes de musique d'Hilversum, bien qu'émis à deux mille kilomètres les uns des autres. J'aimais ces fréquences mitoyennes improbables, ces noms de fiction policière ou de guerre froide, que, le plus souvent, je ne savais pas localiser sur une carte : *Sottens, Monte-Ceneri* et, plus mystérieux, *Beromünster*. J'aimais me figurer, à l'autre bout de mon continent gagné par la nuit, dans des studios déserts, la personne qui parlait au micro sans destinataire précis, ignorant tout de mon existence. Le corps à demi engourdi dans les draps chauds, je convoquais d'un soir à l'autre les mêmes voix d'inconnus, et le cours de ce qui m'était indifférent finissait par me paraître familier : les performances d'un cheval sur lequel je ne miserais pas, l'état du terrain sur les champs de courses de l'Hexagone, le cours de valeurs qui n'en avaient, à mes yeux, strictement aucune. Il m'importait de percevoir, ainsi rasséréné, le bruit d'un monde cantonné au-delà de ma ligne d'horizon, ligne de démarcation chargée de me préserver des excès de l'homme, des scories et cendres de ce qui ne valait pas la peine.

Le plus beau poste était sans conteste celui de mon grand-père paternel, cossu comme un chalet suisse dans ses boiseries sombres, avec ses touches en bakélite que j'aimais presser l'une après l'autre ; poste dont les ondes dites courtes avaient la faculté d'emporter les langues les plus lointaines et les plus singulières. Pour des raisons que je ne cherchais pas à m'expliquer, certaines villes, situées à deux ou trois fuseaux horaires de moi ou à une dizaine de parallèles émettaient en français à des heures tardives, et je ne manquais pas ce rendez-vous. C'étaient, le plus souvent, des voix empesées, comme surgies de derrière la grille d'un heaume, des voix interchangeables et dont, précisément, j'aimais

RBRT TUNIS SCOTTISH.R
T. LONDRES.R TOULOUSE P.T.T. O
LIMOGES LEIPZIG NO
HAMBOURG BARCELONE SOT
R.TOULOUSE W.EST.R PARIS
RUXELLES.2 MILAN STOCKHO
ALGER RADIO-37 ROM
PARISIEN BERLIN MUNICH
DIO-AGEN VALENCE
MARSEILLE P.T.T.
110 100 90 80 70
S-MOND

l'absence de *signes particuliers*. Qui donc pouvait les écouter, au même moment que moi ? Sans preuve, je me prévalais d'être à ces heures-là leur seul auditeur et guettais, plus ou moins consciemment, le moment où l'une d'elles lancerait un *appel au secours*.

Pourquoi les voix des speakers ou des speakerines avaient-elles plus de charme la nuit ? Pourquoi ai-je été l'auditeur assidu des nouvelles du soir d'Alger III, où étaient égrenés les événements de la journée chez les pauvres, de l'Afrique à l'Asie ? Le plus souvent, je devais orienter le poste, le tourner légèrement pour rattraper une station fuyante, et le trophée le plus noble de cette chasse aux ondes était Radio-Tirana, qui émettait en français sur le tard, sur un ton délicieusement amidonné, déclamatoire. La voix s'engouffrait par une éclaircie dans le ciel des idéologies, faiblissait quand un autre camp reprenait le dessus mais revenait toujours. Après le journal, le silence se faisait, puis *L'Internationale* s'élevait, lointaine et troublante, comme interprétée dans une autre galaxie. À elle aussi, il arrivait de faiblir, mais elle se reprenait toujours.

Oui, j'aimais, à l'adolescence, balayer le champ des ondes, le *faucher* pour en recueillir le bruit de la journée. De cela, j'avais grand besoin. Des années plus tard, travaillant de nuit dans une agence de presse et devant guetter les informations nouvelles sur les radios, j'aimais, aux alentours de l'aube, écouter les sermons des prédicateurs, sur Radio-Luxembourg. Ma voix préférée était celle de Dibar Apartian, qui tenait une rubrique religieuse hebdomadaire. Elle aurait fait frémir un mort, sa voix caverneuse. *C'est Dibar Apartian qui vous parle...* On aurait dit que l'homme vous empoignait tout à trac pour vous ramener à la lucidité. Oui, la nuit s'accommodait bien de ces voix que le jour rejetait sur ses marges, écume sur cet îlot de folie douce que demeurait la nuit. J'aurais aimé travailler pour un service d'écoute de radios lointaines, rédiger des notes, remplir des fiches sur ce qui se disait, à telle ou telle heure, sur les stations qu'aucune carte d'Europe ne faisait apparaître, *Schenectady*, *Droitwich*, *Kalundborg*, comme un personnage de je ne sais plus quel roman de Patrick Modiano. Et en regardant ces vieux postes, qui refusent dorénavant de dire le moindre mot, que ce soit le Ducretet-Thomson ou le Voix du Monde, dont bon nombre de stations n'émettent sans doute plus (*Motala* ? *Athlone* ?) et ont emporté avec elles le mystère de leurs noms (Qu'était *Radio 37* ? *West-R* ?) et de leur raison d'être, je me laisse encore aller à imaginer les propriétaires de toutes ces voix qui s'y succédaient il y a soixante ans, avec leurs soucis et leurs espoirs, dans des nuits que je n'imagine pas autrement que froides et shakespeariennes.

Parfois, sur l'une ou l'autre de ces radios, au moment des informations, passait une expression rare et précieuse, d'un grand pouvoir évocateur : *temps universel*. C'était avant l'invention de cette imbécillité journalistique, le *temps réel*. Je n'aimais pas que l'expression se condense en « TU » et la préférais *in extenso*. Quand on pense qu'avant le chaînon unificateur du chemin de fer, l'heure n'était pas la même à Nantes, Lyon ou Brest, « temps universel » devient à mes yeux le diapason, la cloche qui donne l'heure à l'église du village global. Le long d'un méridien, d'un fuseau, au moment du bip ou du jingle, j'aime penser que des personnes que rien ne rapproche – truands ou grenouilles de bénitier – suspendent leur activité pour régler leur montre.

Un jour – ce devait être vers la Toussaint 71 –, l'enfant des collines a fait son premier voyage à Paris. Trois jours, je crois. Avant, il avait déjà effleuré la ville mythique, ce jour de 68 (ou 69 ?) où il avait découvert Orly, porte du ciel, Orly, mais seulement Orly, avec promenade sur la jetée pour voir les avions qu'on ne prenait pas. Paris, pour de vrai, ce fut donc en novembre 71 et ce qui marqua l'enfant baignait dans un cocon de crachin, enroulé au bord de la Seine, derrière la vitre embuée de la R16 bleue ; on lui dit que c'était la Maison de la radio. Il arrivait par le sud, par les voies sur berge (existaient-elles déjà ?) et avait vu tout d'un coup la forteresse blanche, inaugurée neuf jours après sa naissance. De là partaient donc les voix qu'il écoutait religieusement, le soir…

Trois jours suivirent, dans la ville aux rues démesurément larges, trois jours et quatre nuits avant de la quitter par des avenues aussi droites que l'espace est courbe, par l'est, Vincennes, un dimanche matin vide. Ces jours eurent un effet inattendu, assécher pour partie le rêve parisien, étancher, à tout le moins superficiellement, la soif qu'il avait de la ville immense. Immense, elle le demeurait, mais elle avait perdu pour toujours ses qualificatifs de fantastique, d'inatteignable. Elle avait pris des dimensions humaines et racorni cette part d'imaginaire qui avait tourné très tôt à plein régime pour lui livrer les images d'une métropole au-dessus de tout. Elle gardait son pouvoir magique. Elle le garderait jusqu'à ce qu'il vienne s'y installer et perdurerait ensuite, d'une autre façon. Mais il avait atteint ce sommet, l'avait foulé, en avait respiré l'atmosphère. Il avait vu ce qui, jusqu'alors, n'était que des images de télévision à l'heure de *Midi-Première*, des images de livres ou des dessins dans un jeu des sept familles. Recueilli la preuve que tout ça existait, ce qui le décevait. Pourtant, le charme des voix qui voyagent perdurerait par la suite, et notamment la nuit. La nuit ? Plutôt le soir tardif, le soir profond, entre vingt-trois heures et la limite de la vraie nuit, puis le petit matin, celui de l'hiver, à partir des cinq ou six heures. L'enfant s'adonnerait toujours à l'attente, derrière les contrevents, à l'écoute des signaux du monde.

Écrire

À l'aube de l'émerveillement, le gamin a dans les neuf ans et ne connaît rien, ou alors trois fois rien ; la pellicule ne demande qu'à être impressionnée. Un jour, voici le choc. Les vers qu'il apprend par cœur pour les régurgiter le lendemain sur l'estrade, dans un silence miné de gloussements, n'engendrent cette fois aucun ennui. Une tension singulière les parcourt à la vitesse du sang dans son corps étroit, vitesse de la vie. Ces vers, sa mémoire les boit sans peine. Il le pressent, ce genre de rendez-vous avec le merveilleux n'a rien de courant. Ce n'est pourtant qu'une étincelle. Quelques semaines plus tard, quand il rangera le cahier dans l'armoire au début des vacances, les rimes s'effaceront de ses lèvres. Il en restera une empreinte, piégée quelque part dans son cerveau. Il ne relira ces vers que longtemps après en les redécouvrant dans *La Légende des siècles* (« Les Pauvres Gens »), sans plus rien ressentir du choc initial, mais heureux d'avoir été autant troublé, d'avoir *connu ça*.

Trois ans plus tard, le titre du texte est « La Veillée », titre que l'auteur du manuel de français de quatrième a choisi en puisant dans les phrases que le gamin, non, le préadolescent va prendre sous la dictée ce jeudi, après la récréation de dix heures. D'ordinaire, il a l'esprit aux aguets pour détecter les guets-apens de l'orthographe et espère un sans-faute qui relèverait un tantinet sa moyenne de français. Comme à l'ordinaire, il écrit les premiers mots mais vite, il a du mal à se concentrer pour tricoter ces phrases et faire ses rangs. Au fur et à mesure qu'ils s'écoulent du stylo, les mots diffusent comme une lumière particulière, crépusculaire, qui baigne des images fort nettes. Pendant qu'une partie de lui, mécaniquement, écrit, une autre, somnambulique, s'introduit dans une pièce froide d'un pavillon cossu, par une fin d'après-midi de la Toussaint 1917. L'élève de quatrième est en attente d'un aviateur qui ne vient pas. Lui aussi, il perçoit le grondement lointain de la canonnade. *Je regardais, dans la glace de la che-*

minée qui me faisait face, se ternir peu à peu, toute seule maintenant dans la pièce, une dernière flaque de jour couleur de tain. La journée oppressante finissait, et ce qui lui succédait n'était pas exactement la nuit : il me semblait plutôt que c'était – égale et calme comme une petite flamme bougeante au milieu des pièces endormies – la veillée. Le voici, l'enfant, de nouveau en présence du prodigieux. C'est un trouble monté des profondeurs (entrailles ?) de la langue maternelle. Au terme de la dictée, il écrit un nom d'auteur qui semble celui d'un étranger – un Américain, peut-être, parce qu'il a entendu parler de Julien Green, mais il s'agit d'un autre Julien, Gracq – et le texte qui l'a plongé dans cet état d'envoûtement est accompagné d'une photo du film d'André Delvaux *Rendez-vous à Bray*, adaptation, pour la télévision, de la nouvelle « Le Roi Cophetua ». Mathieu Carrière debout, coiffure impeccable et chandail gris clair à col roulé, attend. Le préadolescent de quatrième, lui, attend que des années orageuses le projettent dans la vie sentimentale avec, comme il aimerait, la prestance et les traits séraphiques de Mathieu Carrière.

Le puzzle du merveilleux, il ne le reconstituera qu'après la saison des tempêtes, passé vingt ans. Il lui restera en tout et pour tout quelques fragments en tête ; une limaille cependant précieuse qu'aimantera tardivement, huit ans plus tard, la lecture des grands textes. En attendant ce jour, il oublie l'impossible pseudonyme de l'écrivain, franchit le cap de l'adolescence avec un brio contestable. La vie adulte, déduit-il de l'observation des hommes responsables, consisterait à parler mécanique, à plonger avec ardeur et bonheur les mains dans le cambouis, et à bricoler, être habile de ses mains, ou de ses pieds quand il s'agit de parler football, et travailler. De tout cela, il ne sait rien faire. Le nom de plume de l'écrivain lui échappe, et pourtant il lui reste de ce matin de collège la présomption brumeuse que l'existence – même si, pour l'heure, il déploie des trésors d'inadaptation – n'est pas seulement cambouis, travail ou football. Un jour, sans doute excédé par son inaptitude à la normalité, il entrebâille sans s'en rendre compte la porte du merveilleux. C'est qu'il veut apprendre à tracer ce tout petit mot, *je*. Il ouvre un cahier de brouillon, sur lequel les lettres viennent cahin-caha, maladroites. L'essentiel est de prendre la mesure de sa gaucherie et de la redresser, mais pas tout à fait, pas jusqu'au bout, pour en tirer parti.

Ce n'est que huit ou neuf ans après l'expérience de la dictée que j'ai retrouvé le nom de cet auteur pris pour américain. Près de Lille, pendant une autre Toussaint, sous les grands arbres de la forêt de Phalempin qui s'égouttaient copieusement sur notre toit, j'ai lu *Un balcon en forêt*. Puis, à Paris, ce fut le tour d'*Au château d'Argol*, *Les Eaux étroites*, etc. Dans quels replis de l'œuvre se cachaient les phrases du lointain jeudi ? Janvier 88 : quand j'ai déniché « Le Roi Cophetua », j'ai senti dès les premières « mesures » de la nouvelle revenir à moi les phrases perdues et les ai relues, relues comme on retrouve un objet cher égaré depuis la nuit des temps et qui, d'avoir été manquant, n'en brille que plus. L'enchantement était intact, augmenté, même, de ce que j'étais non seulement en possession des lignes magiques mais aussi de tout le reste de l'œuvre.

Je suis entré pour la première fois dans la librairie Corti le jour de la parution d'*Autour des sept collines*, que je suis reparti massicoter et ruminer dans un lieu tranquille. Dans ces temps-là s'est formé en moi un rêve récurrent, qui traversait mon sommeil peut-être tous les ans, ou tous les six mois, avec une fidélité de comète : le rêve de la *rencontre*. Le rêve

récidiviste choisissait les décors les plus inattendus, les nuits les plus paisibles pour revenir
bonimenter: j'étais soudain en présence de
l'écrivain. En quel honneur, à quel titre, je n'en
savais rien, pas plus que je ne pouvais savoir
comment se déroulait la discussion. Le rêve
surgissait comme un mirage sur l'horizon d'un
méhariste. Sa constance m'intriguait, sa vanité
m'exaspérait d'autant plus qu'il croisait régulièrement la trajectoire d'un autre rêve troublant:
on acceptait de me publier.

La *rencontre* finit par avoir bel et bien lieu
dans le monde réel. C'est un après-midi de
1995 que j'ai sonné à la grille de sa propriété.
J'avais roulé doucement, dans les derniers kilomètres, sûr d'être à l'heure mais étonné que les
rêves nocturnes accouchent au bout du compte
d'une réalité et priant pour qu'aucun sanglier
n'emboutisse au dernier moment ma petite voiture de location, de catégorie A. Et maintenant
j'étais là, dans le jardin, au pied de la haute
maison familiale qui me rappelait de quelque
façon la villa du film *Psychose*, en moins imposante et moins effrayante, même s'il est vrai que
ce jour-là, je n'en menais pas large.

J'ai égaré les notes que j'avais prises au lendemain de ce jeudi 6 avril. Il m'en reste le tremblé des impressions, la fragilité du souvenir et une sensation tenace d'irréalité. Oui, je m'étais bien retrouvé à Saint-Florent-le-Vieil, dans la pièce où Julien Gracq recevait. Il avait pris place près de la fenêtre, si bien que son visage se détachait sur la toile de fond des bords de Loire et de l'île Batailleuse, visage qui, tout au long de notre discussion, devait demeurer à contre-jour. Trois siècles plus tôt, un maître de l'école flamande aurait aimé cette atmosphère de clair-obscur, les reflets ternes sur la glace au-dessus de la cheminée blanche, près du fauteuil en cuir d'où j'écoutais Gracq. Et le contre-jour baignait sa figure d'un rien d'intemporel, condensait l'attention sur ses yeux, sur le mouvement des lèvres et surtout sur sa voix, dont la pénombre surlignait la vivacité, l'assurance et la jeunesse, au point que je me suis cru peu à peu en présence du quinquagénaire qui venait de publier le premier volume des *Lettrines* et dont le propos, bien que nous fussions en 1995, avait le tranchant et le brin d'irrévérence qui séduit ses lecteurs.

Ce dérèglement de la temporalité était loin de me déplaire. J'étais venu poser quelques questions en vue d'un essai que j'intitulerais *Le Sanatorium des malades du temps*, dans le corpus duquel figuraient, entre autres livres, *Un balcon en forêt* et *Le Rivage des Syrtes*. Telle était en tout cas la raison officielle de ma venue. Gracq, derrière lequel glissait une Loire lente et grise entre île et peupliers, m'écoutait avec un intérêt soutenu, répondait avec une mémoire à toute épreuve, volubile, puis m'interrogeait à son tour, sur un ton courtoisement réprobateur lorsque mon raisonnement ne lui paraissait pas sûr. Sa politesse « vieille France » et sa simplicité m'avaient mis à l'aise assez rapidement alors que le matin même, encore, je craignais de me heurter à un homme distant, peut-être hautain. Non, rien de cela. J'effectuais une manière de visite au vieux professeur que j'aurais aimé avoir vingt ans plus tôt. Nous parlions du passage du temps et des auteurs, des surréalistes puis de l'ami allemand, Ernst Jünger, qui venait de fêter ses cent ans à la fin mars, ce qui nous avait conduits à Fontenelle. Nous parlions des romantiques allemands, de Wagner et de Venise, puis il évoqua son renoncement à la fiction, son impatience vis-à-vis de l'écriture, l'envie d'achever le soir ce qu'il entamait le matin, d'où une propension à ne plus écrire que des fragments. Dans une atmosphère progressivement crépusculaire, nous étions comme en attente d'une troisième personne : sans doute le collégien que j'avais été, envoûté à treize ans par « Le Roi Cophetua » et qui aurait été bien éberlué de se retrouver là, entre nous. À un certain moment, il s'est absenté quelques minutes pour monter à l'étage et s'assurer que sa sœur, souffrante, n'avait besoin de rien. Ses pas, dans l'escalier, m'ont ramené à la réalité, moi qui m'étais introduit dans un rêve. Enrique Vila-Matas, devant New York où il avait souvent rêvé qu'il vivrait un jour : « J'étais à l'intérieur de mon rêve et, en même temps, celui-ci était réel. Mais, comme il fallait, par ailleurs, s'y attendre, mon sentiment de plénitude ou de bonheur n'en était pas accru pour autant. » Oui, sur le coup, je n'ai pas connu de « sentiment de plénitude ». Poser des questions, répondre aux siennes, paraître à la hauteur. Là aussi, il fallait donc être à la hauteur, ne pas donner l'impression d'être un usurpateur… Avant que je me lève pour prendre congé, mon hôte est allé chercher une boîte de chocolats, une de ces grandes boîtes rectangulaires reproduisant un tableau de maître, comme on croit qu'il n'en existe plus et qui, lorsqu'il me l'a présentée, m'a ramené des années en arrière, quand je récitais des passages de *La Légende des siècles*.

Il était dans les dix-huit heures. D'un pas alerte, il m'a raccompagné à la grille. Ce jour-là, il portait un pull-over à losanges, sur une

chemise claire. Pourquoi retient-on ces détails ?
Notre entretien avait passé si vite, et j'allais de
nouveau marchant dans les rues du bourg...
C'est ensuite, accoudé au parapet, sur l'espla-
nade de l'église abbatiale, que tout a pris un
sens : je venais de quitter un cœlacanthe, un
fossile vivant comme la littérature n'en produi-
rait plus.

En ce début d'avril, je mettais la dernière
main à ce qui devait devenir mon premier
roman, après une longue période durant
laquelle, littérairement parlant, j'avais eu à faire
mes « classes ». Cette rencontre à Saint-Florent,
juste avant que j'entre officiellement dans la
« république des lettres », me paraît garder
valeur de talisman. J'ai pris l'habitude, lorsque
je publie un livre, de relire des pages de *La
Littérature à l'estomac*, à titre prophylactique,
pour me mithridatiser un tant soit peu contre
les us et coutumes étranges de ladite « république », très bananière.

Demoiselles de Kamakura

Quand je repense aujourd'hui à la genèse de certains élans, et notamment à celui qui me portait, longtemps plus tard, bien au-delà des pays où j'espérais pérégriner un jour, je reviens à la cour d'école de campagne et à ses taches de ciment qui, au sol, figuraient à mes yeux les continents sur les fonds marins du bitume. Ce goût pour la réduction des immensités à l'état de miniatures, rien ne pouvait mieux le rendre, dans ce pays de collines où chaque pêcheur, chaque chasseur allait une carte d'état-major dépassant de la poche, que la possession d'un atlas. Et j'ai d'un coup retrouvé la cour, ses continents de ciment et les mers que j'enjambais, le jour que, vers vingt-quatre ans, j'ai pénétré dans « La chambre des cartes », deuxième chapitre du *Rivage des Syrtes*. Gracq, non plus tant par un style hypnotique que par la passion du géographe, continuait de me servir de guide. Avant le surgissement du volcan du Farghestan, la visite d'Aldo dans la salle des cartes fut mon premier grand trouble à la lecture de ce livre. Le « Devant moi s'étendaient en nappe blanche les terres stériles des Syrtes » convoquait le souvenir des taches de ciment pâle, résumait tout leur sens et leur faculté d'aimantation, de la même façon que le volcan, de l'autre côté de la mer, attire Aldo à lui. « Prodigieux d'éloignement derrière cet interdit magique », le Farghestan me ramenait à des journées grises occupées à parcourir les pages de l'atlas, et notamment celles de l'Asie, avec ses pays alors secrets mais aussi ceux qui, *prodigieux d'éloignement*, fascinaient par leur distance, pays que le manque d'argent empêchait aussi sûrement de découvrir que l'impossibilité de voyager à la vitesse de la lumière interdit de visiter d'autres astres. La Chine et le Japon formaient à mes yeux une étoile double inatteignable, un duo de diamants purs que le monde me présentait derrière une vitrine de joaillier.

Longtemps plus tard, la vitrine a fini par s'entrouvrir. Je n'avais rien d'un piéton de la planète, ni d'un Bouvier, ni d'un Malaurie. Compte tenu de l'état de surmenage et d'anxiété dans lequel j'étais parti, j'aurais été mieux avisé de prendre un avion pour une lande, pour un fauteuil encadré d'un côté d'une pile de livres et de l'autre de quelques bouteilles, avec à la ronde quarante kilomètres de causses sans congénères. À l'aéroport Narita de Tōkyō, il pleuvait et je n'en menais pas large. Voler d'ouest en est comprime la nuit et je n'avais pas dormi un instant. Derrière les vitres du Narita Express, qui roulait vers la gare centrale, il pleuvait de plus belle sur des rizières saturées, des haies de bambous qui dissimulaient je ne sais quoi à mes yeux, lesquels se fermaient. Ahuri (comme il sonne japonais, ce mot, soudain !), assommé par le décalage horaire et une grisaille qu'on aurait crue hivernale n'eût été la date, 17 juillet, je tentais d'oublier qu'il allait falloir descendre de ce train, affronter une civilisation, une planète dont je ne voulais, à cet instant précis, rien savoir. La saison des pluies, qui aurait dû cesser juste avant que les roues de l'avion touchent la piste, allait nous accompagner des jours et des jours, à croire qu'elle rejoindrait la prochaine saison des pluies et tremperait comme des éponges nos cerveaux obnubilés par l'idée du sommeil.

Mal à l'aise, je me suis réveillé avant la gare centrale. Que venais-je faire ici ? Il faisait doux sous le déluge du quartier à travers lequel le taxi évoluait ; j'étais tombé à la surface d'une planète gazeuse, d'une civilisation à base d'ouate. Des cyclistes en chemise blanche et cravate sombre pédalaient je ne sais comment en tenant haut un grand parapluie. Ils fendaient l'air du trottoir, sonnant tout en gardant le contrôle du guidon. Les femmes à vélo avaient trouvé un moyen ingénieux pour arrimer leur parapluie, incliné comme un beaupré, qui leur cachait pour partie la vue mais leur évitait l'arrosage d'un visage en faïence. J'avais envie de l'hôtel qui n'arrivait pas, ou, plutôt, j'aurais voulu repartir.

Jour après jour, le ciel continuait de se vider sur des toits de tuiles grises, vertes, bleu vernissé, sur des bâtiments hétéroclites mal assortis, entre lesquels s'élançaient et s'enlaçaient, balançaient dans un vent tiède les lianes prolifiques des réseaux électrique, téléphonique. Oui, que venais-je faire sur cette planète ? À chaque retour en Asie, une sensation d'étrangeté est au rendez-vous, ponctuelle ; cette fois-ci, elle était résolument plus aiguë, déroutante. Que venais-je faire là, à observer incrédule les vitrines de bureaux, puis d'autres bureaux, sans comprendre ? Qu'étaient au juste ces bureaux, ces agences, officines, avec leurs idéogrammes à la noix ? Plus je me laissais hypnotiser par l'enchevêtrement de *kanji*, *hiragana*, *katakana*, plus je me disais que les élégantes virgules des feuilles de bambou devaient être à l'origine de cette écriture alambiquée. Chacune correspondait parfaitement, sur le papier, à un trait à l'encre de Chine. Et après ? J'étais bien avancé.

Qu'étaient tous ces bureaux ? J'étais passé sans m'en rendre compte devant le café Internet dont on m'avait donné l'adresse. Un œil sur les flaques, l'autre sur les vitrines, rien vu. Même lorsqu'il écrivait en anglais, le Japon désorientait. Le salon Internet annoncé s'embusquait derrière un cryptique OFFICE AND PRINT CENTER. De la rue, le quidam mouillé ne voyait que des imprimantes. Aucun client, mais au fond, derrière un comptoir, trois employés patientaient, désœuvrés. C'est en questionnant l'un d'eux que j'ai su que j'y étais.

Celui qui arrive au Japon pendant la saison des pluies doit rapidement se mettre à apprécier le gris, dans toutes ses nuances. Il pleuvait à seaux sur Hiroshima aussi. Des hallebardes, des cascades tombées du ciel. Était-il possible qu'une mer nous survole en fuyant de toutes parts ? Nous marchions dans le delta de l'Otagawa, je gardais un œil sur mes croquenots peu fiables, et notamment sur une brèche qui s'élargissait doucement. Ils m'avaient accompagné dans d'autres voyages et je ne pouvais pas me résoudre à me débarrasser d'eux, comme de ceux avec lesquels j'avais vécu plusieurs dizaines de kilomètres, en République tchèque, cinq ans plus tôt. Avoir un appartement assez grand pour entreposer, dans une pièce, les chaussures d'une vie, de celles qui ont permis les premiers pas à toutes les autres, en les datant, les commentant : Prague mars 2001, Pelvoux été 1975, mai 1968 à la maternelle.

De manière incompréhensible, la pluie s'est calmée. Je suis entré dans un parc, Shukkeien, où les carpes enchaînaient les sauts. Persuadé que chaque voyage procède d'une étincelle originelle, je recherchais depuis des jours quel avait pu être l'élément déclencheur. Aucune photo, aucune gravure, aucun récit, sinon quelques phrases d'un grand-père passé par Yokohama, trois quarts de siècle plus tôt, mais ces seules phrases ne suffisaient pas, n'évoquaient en soi pas grand-chose. Shukkeien, d'inspiration chinoise, est un des parcs les plus élégants d'Hiroshima. Sous la pluie qui reprenait, c'est là que le déclic s'est produit. Pour la première fois probablement depuis plus de trente ans, je suis revenu en pensée au microjardin japonais qu'avait modelé ma mère dans un pot de fleurs. J'ai revu tout à coup la pagode miniature, en porcelaine elle aussi vert bouteille, la mousse, la passerelle qui enjambait le miroir et, surtout, la figurine représentant une Japonaise en kimono, laquelle portait une ombrelle. Femme fine et grande, contre toute idée reçue sur les Japonaises. Et lorsque mes yeux sont tombés sur la passerelle rouge orangé de Shukkeien, la raison de ce voyage s'est faite plus nette. De quoi se composait le reste du jardinet ? Je serais incapable d'attribuer une couleur au kimono de la figurine au chignon. L'étang de verre reflétait mes yeux de Narcisse pris dans le piège du temps. Je revoyais la figurine qui, d'une main, tenait peut-être un lampion de papier plissé. Probablement, à la partie de pêche au souvenir perdu, au détail qui manque, je triche. L'imagination s'invite en passager clandestin, mais oui, je m'étais rendu aux antipodes pour retrouver le jardin miniature.

Sur la petite île de Miyajima, des daims en
liberté errent sans conviction un peu partout,
jusque dans la gare maritime où ils chapardent
des prospectus ou des sacs en plastique qu'ils
ingurgitent aussitôt, peu regardants. Des grues,
le soir, dans un port de pêche minuscule dont la
courte jetée surgit des eaux lentement, comme la
tourelle d'un sous-marin : c'est la marée descen-
dante. Une loutre passe en trombe, s'arrête, jette
un regard sur nous. Au loin, mais pas si loin,
Honshū, la rade d'Hiroshima et ses montagnes
où deux ou trois orages clignotent en alternance
dans le soir. La mer intérieure louvoie entre les
îles, enfle et désenfle au rythme des marées.
C'est là que j'ai ouvert *Nostromo*, que Conrad
situe dans une Amérique latine où il n'a pas mis
les pieds longtemps. Le trouble s'installe, la
coïncidence est belle. Conrad, qui se serait inspiré des îles d'Hyères pour camper le cadre
imaginaire de son Costaguana, ne décrit rien
d'autre, dans les premières pages, que ce que je
vois par la baie vitrée de la chambre. Dans
l'ombre du mont Misen, Miyajima regarde vers
une flottille d'îlots cousins des « Isabelle » de
Nostromo, dans une rade qui lèche les mêmes
rivages que le golfo Placido avec au bout Sulaco,

Hiroshima, terminus des porte-conteneurs qui glissent dans le labyrinthe de l'archipel.

Le merveilleux, l'enchantement qui renaissent chaque matin sont les neiges éternelles de l'existence. Il faut avancer dans le temps en gardant un œil obstiné sur elles, là-haut, espérant qu'elles ne disparaîtront pas dans les brumes de chaleur et que, contrairement à celles du Kilimandjaro, elles ne fondront jamais. Miyajima est un de ces endroits du monde, un de ces relais de poste du temps qu'on garde en soi comme un secret de longévité. À la fin juillet, l'automne japonais est pour bientôt, mais l'étrange été local, bref et accablant, frappe de toute sa force. À peine maquillée, la Nippone s'éponge dans une touffeur de hammam. À l'aide d'un instrument que ses doigts manient comme des ciseaux, elle étire ses cils ou les redresse en s'observant dans son miroir de poche. Miyajima dort dans un bouillon de culture semi-tropical, qui se déchire tantôt et alors, au sommet du Misen, au-dessus de son épaisse forêt blessée par des glissements de terrain, le ciel se dégage. Miyajima et sa colonie de macaques vivent blotties parmi une portée d'îlots que couve la mère Honshū. À l'est, Shikoku protège cette semence d'îles des typhons les plus excessifs. Les premiers à s'engouffrer dans les brèches sont pour bientôt, l'affaire de deux à trois semaines. Ensuite, ce sera l'automne.

Des mois après avoir pressé le déclencheur, je regarde la photo comme une des images en couleurs que l'enfant achetait par carnets. La photo a beau dater d'août 2006, elle aurait pu servir de modèle à l'un de ces chromos rectangulaires. En un déclic, j'ai créé une image d'Épinal comme celles devant lesquelles rêvait l'enfant de 1970, et elle pourrait avoir pour légende, à l'encre mauve – *Japon : le Pacifique à Kamakura*. Les houppiers des bambous frissonnent. Le Pacifique grisonne. Toute la journée, le soleil a voulu percer l'étole des nuages d'altitude et maintenant, la fin de l'après-midi n'est plus loin. Il renonce.

Avec Enoshima, Kamakura est une des stations les plus prisées des Tokyoïtes. Trois petits quarts d'heure, en train, pour l'atteindre. D'abord, sur la ligne, ce ne sont que des pavillons blottis, aux paupières closes sous l'effet de la chaleur. Après Kawasaki, la végétation conquiert la moindre butte. Elle longe les fleuves ourlés de terrains de golf. De Yokohama, je n'ai rien remarqué. Yokohama

est passée dans la continuité urbaine. Je n'en ai
rien vu, ou plutôt si, j'ai vu les grues blanches
qui vaguent au bord du fleuve, le bric-à-brac
d'immeubles bas et de pavillons tuilés comme
avant, comme après. Rien de tout cela n'existait
quand mon grand-père avait débarqué d'un
navire de la marchande, vers 1930.

À Kamakura, il a fallu prendre un second
train, plus régional encore que le premier, qui
se dandinait jusqu'à Hase et ses temples, sa
plage sombre. Elles étaient nombreuses à monter à bord, les jeunes filles en fleurs – fleurs de
couleur imprimées sur leurs kimonos, venues

entre amies ou avec le fiancé du jour. Deux
d'entre elles sont montées, l'une avec un chignon, l'autre les cheveux libres, teints en châ-
tain. L'une aux orteils vernis et toutes deux avec
un sac à main assorti aux kimonos, sac brodé de
papillons bleus, or, roses. Laquelle a pris son
portable pour consulter les textos de ses doigts
fins aux ongles eux aussi vernis, en accord avec
ses vêtements, pendant que l'autre se refaisait
une beauté dans un miroir de poche, qui devait
lui renvoyer l'image de sa voisine de compartiment, jeune femme en minijupe, armée de faux
ongles d'un bleu constellé de paillettes ? Pourquoi étais-je persuadé que, sous leurs kimonos,
elles ne portaient rien ?

Les demoiselles de Kamakura aiment se faire
photographier devant le grand bouddha vert-de-
gris creux, comme rongé de l'intérieur par le
temps, qui ferme les yeux sur le destin des
hommes et lève une main magnanime. Elles trot-
tinent avec leurs tongs vers l'appareil photo
numérique du fiancé et jugent du résultat sur le
petit écran, prêtes à reprendre la pose. Demoiselles rieuses, irrévérencieuses, comme surgies
d'un long métrage d'Ozu, qui se seraient levées
d'une scène avec un mouvement de chameau,
mais plus gracieux que le chameau, et plus leste,
aussi, pour trottiner jusqu'à mon été 2006. C'est

en fin d'après-midi, entre deux patrouilles de libellules sous le ciel toujours laiteux, que je prends la photo aujourd'hui légendée *Japon : le Pacifique à Kamakura*. Oui, le ciel grisonne sur la baie de Sagami. Elles sont deux, l'une vêtue à l'occidentale, l'autre en kimono. Derrière la haie de bambou en contrebas, les toits hétéroclites, la toile de fils électriques s'inclinent doucement vers la mer. Lentement, la tête de la jeune femme de gauche pivote, celle au kimono bleu marine et blanc avec obi vert, rehaussé de motifs végétaux brodés. La voici pour moi en profil perdu, avec un élégant chignon d'où pointe un pinceau de cheveux noirs. Et malgré son profil fuyant, elle laisse voir l'expression d'un visage aux yeux mi-clos qui fixent le grand large. Elle n'a que faire de la péninsule. Le large. Elle ne bouge pas. Ses yeux resteront mi-clos, sa peau mate ne pâlira jamais. Elle gardera la bouche entrouverte, une inquiétude légère plissera son front, à moins qu'elle ne concentre son attention, en ce moment précis. Est-elle véritablement en 2006, là, si près de moi ? N'est-elle pas, disons, soixante ans plus tôt, venue guetter les navires qui ramènent du Siam ou de Birmanie les soldats libérés des camps de prisonniers, et parmi eux son promis qu'elle croit rescapé ? Peut-être ai-je tort de me soucier d'elle. Peut-être la demoiselle racontet-elle pour la énième fois à une jeune femme du temps présent qu'elle attend le retour d'un étudiant parti pour l'Europe. Il va revenir, c'est sûr. Dans ses derniers courriers, il s'est annoncé pour l'été 1906. Tous les paquebots qui montent du grand Sud doublent inévitablement la péninsule d'Izu avant d'entrer dans la rade de Yokohama.

La moiteur a fait place à un vent doux qui incline les houppiers. Tout à l'heure, la demoiselle du temps jadis quittera la photo. Elle passera devant le temple et descendra par les allées du parc, montera à bord du train du soir pour Shinjuku, jusqu'au lendemain, car elle doit poursuivre sa veille, jour après jour, sans prendre une ride, avec le kimono bleu qu'elle portait le jour où son étudiant l'a quittée.

Au fond, dans le tohu-bohu immobilier et vestimentaire de Kamakura, elle seule rappelait peut-être le Japon que mon grand-père avait aperçu au seuil des années trente, et dont les incendies, les tremblements de terre, les bombardements et la modernisation n'ont laissé que des miettes. Le Japon vu d'un de ces navires qui, passé le Fuji, cherchaient le port de Yokohama, navires tremblés comme sur une photo de Pierre Vallet, *Mer Noire, route de Rize*, prise en Turquie et dans laquelle je ne me lasse pas de me perdre, et, chaque fois, dérive vers le titre sobre et beau d'un livre, *Trébizonde en hiver*, de Patrick Boman, auteur par ailleurs d'une donquichottesque et drolatique « Prodigieuse Traversée du grand-duché », mais voilà que je dérive un peu plus, comme chaque fois que je m'engage dans le labyrinthe des associations ou plonge dans le dictionnaire, dont je remonte, au mieux, au bout d'un bon quart d'heure d'errements, parce que le facteur sonne ou que la bouilloire siffle, dissipant la beauté d'un exercice rare : se perdre.

*

Quand il monte vers le nord par la ligne de Sendai, le Shinkansen, en duplex, longe un mur gris antibruit et celui qui occupe une place en bas ne voit rien, jusqu'à Utsunomiya, qu'un mur gris antibruit. À l'étage, il peut suivre un paysage urbain uniforme. On croit le Japon hérissé d'immeubles, or ses plaines sont tapissées de tuiles vert clair, grises et quelquefois bleu pétrole, sous lesquelles sont tapis des pavillons dérisoires.

Des cols blancs picorent le contenu de leur *bento*. Dans le *silence car*, aucune annonce par haut-parleur, pas de conversations téléphoniques. Seul le feulement de la bête qui glisse,

glisse si bas qu'à l'arrivée il faut monter deux marches pour toucher la terre ferme. La station terminus du voyage au fond de l'ennui s'appelait Nikkō. À Utsunomiya, il a fallu prendre un train régional qui longeait de temps en temps une allée de cryptomères de trente kilomètres de long. Davantage, peut-être. Où allaient les collégiennes en survêtement bleu marine ourlé de blanc, équipées les unes comme les autres d'une bouteille thermos et de balles de ping-pong ? Plus tard, nous sommes restés quelques passagers derrière le chauffeur enfermé dans sa cabine vitrée, chauffeur sans mouvement, occupé à fendre des voiles de brume puis des haies de bambous, des rizières, des sapinières. Nikkō, au bout de tout ça, avait caché ses temples dans le brouillard. Étions-nous vraiment dans un pays de montagnes, comme le juraient les cartes ? Au-delà d'une cinquantaine de mètres, l'imagination devait relayer la vue. Du ciel bouché tombaient des troncs sans couronne. Les cigales crissaient, crissaient. Où était la ville ? l'hôtel ? Devant la gare, plusieurs bus n'ont pas voulu de nous, jusqu'à ce que l'un d'eux nous avale et nous rejette quelques kilomètres plus loin dans des monts boisés, après de longues rues de maisons tristes. Parfois je songe à un musée de l'ennui, qui n'existe pas mais que j'aimerais pourtant visiter. Un guide des sanctuaires mondiaux de l'ennui. Nikkō – je ne parle que de son centre urbain – y trouverait toute sa place. La petite ville m'a renvoyé à mes propres hauts lieux de l'ennui. Pêle-mêle sont revenus des cours d'école vides et des dimanches dans une ville comme abandonnée, des 15 août blanchis par le soleil, et encore d'autres cours d'école le dimanche, que l'appartement familial surplombait. Puis ce fut la cour d'un collège loin de là, un week-end nuageux de mars, cour que j'arpentais en inventant des histoires entre le préau froid et un horizon de préfabriqués ou de demeures dépressives, au pied des monts noirs. L'ennui, c'étaient les pièces glaciales à l'étage, chez une tante. Pendant que dans la cuisine, au rez-de-chaussée, les adultes laissaient refroidir leur conversation, j'avançais dans la pénombre au premier, m'arrêtant devant la photo d'un aïeul ou une poupée de porcelaine juchée sur un édredon discret comme un ballon vosgien, poupée qui me considérait avec ses yeux bleu-gris. À travers les raies des persiennes fermées à l'année, je suivais le chemin des croix du cimetière mitoyen, avant la ligne des haies, avant celle du relief bosselé qui tenait lieu d'horizon, d'un bleu sombre comme les 2 CV qui reliaient les bourgs en dandinant. Dans Nikkō des brumes, je retrouvais cette atmosphère de drôle de paix des villages d'enfance où les anciens, quand les phrases de leur quotidien calaient, étaient prompts à ranimer les toujours mêmes souvenirs de l'occupation, d'une ligne de démarcation qui avait cisaillé le pays plus au nord, ou encore du Front populaire avec sur les lèvres une expression sempiternelle, *dans le temps*, qui revenait sans cesse pour attester que dans l'aujourd'hui le temps avait cessé d'être pour eux, et que, passé les soixante-dix ou soixante-quinze ans, ceux qui recouraient à cette formule étaient entrés dans un outre-temps de la vie, une vie après la vie où l'on faisait antichambre avant la grande énigme.

À quelques kilomètres à l'écart, en pleine forêt, les propriétaires de l'auberge devant laquelle le car avait marqué l'arrêt ont tenté de recomposer un intérieur *cosy*, à l'anglaise. Ours en peluche de haut en bas, moquette rose qui prolifère, mobilier européen, lits à édredons aux motifs floraux. Consignes en cas de séisme, affichées dans cet établissement construit sur pilotis : s'éloigner des fenêtres, éteindre sa cigarette. Et de manière générale, séisme ou non, prière de ne pas nourrir les singes en liberté.

Dans la chambre aux ours en peluche, j'ai lu, un peu au hasard, sur le poète Shuoshi Mizuhara et une revue littéraire du début du

XXe siècle, *Hototogisu* (Le Coucou). Ce mot, *Hototogisu*, je le connaissais. En un instant, j'ai basculé plus de trente ans en arrière, quand, à l'école primaire, j'avais gagné à la tombola de Noël un livre, *Hototogisu, le rossignol de minuit*, avec, sur sa couverture bleu nuit, des étoiles filantes et des conifères silhouettés derrière un oiseau en plein chant. C'était un livre *pour grands*, à massicoter, que je n'ai jamais ouvert. Longtemps, je l'ai gardé, regardé, avant qu'il disparaisse comme a disparu, victime sans doute d'un déménagement sans ménagement, le jardin japonais en miniature, avec la jeune femme au kimono. Portait-elle réellement une ombrelle ? Des nappes profondes de l'enfance, le merveilleux refait quelquefois surface, un instant, par un jeu de sources et de puits cachés. L'âge d'homme, au fond, n'est souvent rien d'autre que la quête d'une explication à ces fulgurances, à ces tout petits *satori* qui zèbrent notre nuit et l'enchantent.

Les pays rares

Je ne sais plus à quand remonte mon goût pour les pays qui préfèrent se faire rares, aussi impénétrables que les taillis où nous ne nous aventurions jamais, gamins, et que nous observions de la rive civilisée du cours d'eau. Très tôt, j'ai aimé les pays discrets, oubliés, dont les présidents ne faisaient pas le guignol jour après jour devant les caméras de chaînes à leur solde, menton mussolinien tendu vers l'infini de leur postérité. Je ne sais plus à quand remonte cette propension, mais je revois une villa accrochée à un promontoire, quelques kilomètres avant Collioure, villa isolée, blanche, aux baies vitrées donnant sur la mer, et que je regardais longuement du lieu abrité où nous passions les vacances, quand, à quinze ans, je lisais des livres d'histoire, ou de voyage, dont l'un m'avait conduit du côté du Tibet de 1950, État fermé s'il en fut dont la Chine n'avait fait qu'une bouchée, cette année-là. Mes yeux allaient de la villa des tempêtes à la photo du Potala, et se découpait alors sur mon horizon une existence idéale dont l'emploi du temps aurait été réglé comme suit : six mois de pérégrinations dans les Tibet du monde, le printemps et l'été, et le restant de l'année replié dans une ascèse d'écriture, devenu moi-même Tibet dans la villa blanche dont je ne serais ressorti qu'aux premiers beaux jours. Il ne faisait aucun doute que je voulais devenir cet écrivain-là, et non un autre, lové, six mois sur douze, dans un fauteuil devant la Méditerranée, en hibernation comme un ours dont la graisse nourricière aurait été les souvenirs de voyage, et rien d'autre.

Longtemps après, je n'ai toujours pas écrit une seule ligne dans la maison au bout de tout. Je ne suis pas non plus allé au Tibet, mais il est d'autres pays rares que je tiens pour des substituts, des Tibet *génériques*. La Mongolie a exercé sur moi cet attrait du pays où l'on n'arrive jamais, pays sans ports ni fleuves, si vaste que ne s'en échappait aucun dissident. Pays alors sans écrivains ni cinéastes connus, dont on avait du mal à se procurer la moindre photo et qui, malgré tout, apparaissait sur les cartes du monde, mais à la manière d'une contrée d'*heroic fantasy*, comme en exergue d'un roman à la Tolkien. Dans le palais du merveilleux, ainsi, au bout de l'allée des provinces inaccessibles, était écrit sur une porte cadenassée « Oulan-Bator », devant laquelle j'ai longtemps rêvé. La principale séduction des pays interdits tient au mystère de leurs visages. J'aimais les pays dont aucune représentation – ou presque – n'existait. Tout se condensait dans ce *presque*, qui fait de vous l'archéologue résolu à reconstituer la mosaïque dans son entier à partir de quelques fragments. Et parce que j'étais dans l'impossibilité de me figurer le moindre coin de rue d'Oulan-Bator, mon imagination se faisait radicale, extrapolait devant cette « ville invisible » et j'avais grand plaisir à me tromper de bout en bout.

Un jour, pourtant, la porte « Oulan-Bator » s'ouvre, au printemps 2005, à l'âge où les rêves se réalisent faute de quoi, comme certaines comètes, ils risquent de ne reparaître que (trop) tard. Il est très tôt quand me réveille une employée des chemins de fer qui a tout d'un sumotori en pyjama gris. Le train entrera en gare avec une heure et demie d'avance car les contrôles se sont trop bien passés, la veille au soir, à la frontière. Je me répète l'impensable : les contrôles frontaliers se sont trop bien passés à la porte du pays inaccessible. Celui qui a grandi pendant la guerre froide s'émerveille d'entrer *comme ça* dans un pays en « -ie » ou « -stan ». Mon sumotori, bien que ce soit avec le sourire, réclame avec insistance mes draps, ma taie d'oreiller et la couverture, puis, satisfaite, court boucler le cabinet de toilette où je comptais me passer la tête sous l'eau et régler quelques autres affaires. Je ne dirai pas que mon premier contact avec la gent féminine locale relève de l'éblouissement. Ces contrôleuses courtaudes, aux cheveux d'un noir de jais, ont cependant pour elles une gentillesse et un regard matois qui font oublier leur je-ne-sais-quoi de mal dégrossi. Dehors, l'horizon laiteux se hérisse de cheminées d'usine. C'est Oulan-Bator, avant l'aube. Des collines rabotées par un maniaco-dépressif, des immeubles, des entrepôts qui libèrent des ombres de Barbe-Bleue et un horizon passé au feutre orange. C'est l'Est, le cœur de l'Est. J'ai toujours aimé quand, dans les cours de géographie, revenait cette formule, la force de déviation de Coriolis – cette force qui, imperceptiblement, entraîne les marins ou les méharistes vers l'est, si bien que, constamment, ils doivent rectifier le cap, a toujours joué à plein sur moi, sans que je cherche à modifier ledit cap.

À ma descente du train, accompagnée d'un chauffeur, Unur m'a accueilli et expliqué le pourquoi d'une arrivée si matinale. Distante, un tantinet protocolaire durant les premières minutes, la jeune femme s'anime et se présente pendant le trajet en voiture. Tout juste adolescente quand sa steppe quitta l'orbite soviétique, elle est de la première génération pour laquelle le russe n'est plus la première langue étrangère. Ses parents ne voulaient pas qu'elle étudie le français, elle apprit donc la langue de Molière. Le français, cette petite mère, qui a une fille de six ans et attend un second enfant, le parle avec autant d'aisance que le mongol. Elle a les yeux si peu bridés et s'exprime avec si peu d'accent qu'on oublie qu'elle est asiatique. Déçue par l'enseignement, elle s'est reconvertie sans regret dans le tourisme : sa méthode, sans doute, pour demeurer nomade.

Dans Oulan-Bator qui s'éveille tôt, la population reste éparse, probablement parce que tout est large. Ses avenues sont conçues à l'échelle du pays. La largeur d'ici serait longueur, ailleurs, et la presse en ferait ses choux gras et ses gros titres :

Les visages ont les pommettes hautes, des yeux tantôt très bridés, tantôt peu, qui rappellent ou ceux d'Ouzbékistan, ou ceux de Bouriatie d'où j'arrive. Le Mongol est râblé, avec un petit cou. Rien à voir avec les Chinois secs, osseux, qui attendent à la prochaine étape. L'« habitant » chez qui je dois loger a le gabarit d'un lutteur. Il nous ouvre sa porte éberlué, hirsute, torse nu. En préparant un petit déjeuner de bienvenue (saucisses avariées, beurre rance et thé), Unur me demande incidemment si les armes me dérangent. Les armes ? « La personne qui vous loge les collectionne. » De fait, sur le balcon de la cuisine comme dans les chambres, dorment de longs cartons frappés d'idéogrammes chinois. Peu importe, j'accepterais de dormir dans une poudrière pourvu qu'elle soit équipée d'une douche et d'un bon lit, or c'est le cas.

Je suis à Oulan-Bator et me le répète à intervalles réguliers. Me voilà à près de 1 400 mètres d'altitude, dans une manière de ville où habite un Mongol sur trois. Sans doute la cité la plus étrange au monde, qui a fait fuir les deux autres

114

(Mongols sur trois). Le nomadisme a pris ses quartiers dans le centre. Des yacks noirs paissent sous une canalisation aérienne énorme, qui aurait dû rompre il y a belle lurette. Dans le quartier des bidonvilles, les yourtes alternent avec les maisons de bois. Et les tentes de feutre, surmontées d'un tuyau de cheminée, enrobées d'une palissade, descendent, au milieu d'un lacis de chemins défoncés et sous un ciel entoilé de fils électriques, vers un égout coulant, paisible, le long d'un boulevard. Sur ce qui tient lieu de berge et de trottoir, deux tables de billard accaparent des jeunes en jean et tee-shirt. Trois dangers me guettent quand j'entreprends la traversée de ce boulevard : les 4×4, les Lada, et plus encore les voitures d'importation japonaises, lesquelles ont, comme au Japon, le volant à droite bien que l'on roule, ici, à droite.

Que l'on soit piéton ou automobiliste, Oulan-Bator est affaire de cohabitation des styles, un assortiment de petites villes. Nulle part, sinon à Bruxelles, l'expression architecturale de *bruxellisation* – pour cohabitation de styles qui jurent – ne s'applique mieux que là. Une rue piétonne escortée de cafés chic m'a conduit à un quadrilatère encadré d'édifices massifs, la place Soukhe-Bator. De là part Enkh Taivan (l'avenue de la Paix), comme

conçue par un géomètre amnésique, sans fin,
Enkh Taivan, à la mesure d'un pays vide.
Adossés au flanc pauvre de la ville, des immeubles en loques regardent des hôtels de luxe
à peine surgis de terre, au loin, et des lotis-
sements où, depuis la veille ou l'avant-veille,
quelques riches font pousser des chalets suisses.

Ceci n'est pas une capitale, je me suis dit, je
déambule dans un décor pour films soviétiques,
une ville comme on en traverse en rêve, un
enchevêtrement de contraires. Sur la porte d'une
yourte de commerçants, des autocollants sti-
pulent quelles cartes de crédit sont acceptées. Je
suis arrivé à l'époque où les téléphones portables
commençaient à se répandre car il doit être difficile, coûteux de faire installer une ligne chez soi ;
un des petits métiers de rue les plus répandus
consiste à louer aux passants l'usage de gros téléphones posés sur des tables en bois peint, un peu
partout, sur le trottoir. Exposés à la pollution et
à la poussière, car Oulan-Bator repose au fond
d'une cuvette, leurs propriétaires se protègent
derrière de larges masques blancs qui ne laissent
plus apparaître de leur visage, dès lors, que les
lunettes de soleil.

J'ai mis du temps à comprendre ce qui me troublait le plus, parce que cela ne portait pas de nom. Par analogie, j'ai retrouvé dans Oulan-Bator la sensation que peut laisser l'écoute d'un instrument mal accordé, ou bien, dans un texte, le non-respect de la concordance des temps. Capitale de nomades sédentarisés à la glu quand sévissait une stalinie locale, Oulan-Bator ne compte presque aucun édifice centenaire. Le palais d'hiver de Bogd Khan, avec ses tuiles vertes vernissées, annonce la Chine. Il doit dater des années 1900. Le huitième Bouddha vivant y vécut à la Belle Époque. Quel titre ! Je l'imagine, tendant sa carte, à la fin d'une soirée :

Huitième Bouddha vivant. Cet homme avait la passion des animaux exotiques. Il fit venir un éléphant, qui mit trois mois pour arriver de la frontière russe, mais aussi une girafe : ils eurent, comme enclos, un pré grand comme cinq fois la France.

Je m'étais représenté une ville froide et de béton, peuplée de bureaucrates qui, de leurs immeubles, collectivisaient les steppes et les tempêtes de neige, organisaient ou désorganisaient la circulation des caravanes : des aiguilleurs du désert, en complet gris et large, avec cravate assortie (noire). Ces bureaucrates, je ne les ai croisés nulle part. Parmi la foule des moines ou des employés qui vaquent à leurs occupations, la Mongolie ancienne subsiste dans les tenues vestimentaires des plus âgés. La femme marche dans une robe de soie serrée par une ceinture verte ou safran, l'homme porte une veste tombante sombre et un chapeau gris. À Gandan, autour des moulins à prières, les lycéennes frisent l'élégance avec leurs jupes grises, leurs chaussures à talons. L'Europe n'est plus loin. Comme Unur, que je n'ai jamais revue, elles la verront probablement.

Les enfants des rues, eux, ne verront jamais l'Europe. Après leur nuit dans le réseau d'égouts, les orphelins sortent de terre pour mendier. Ils le font sans insistance. Plus insistants, les adultes, qui tentent de me vendre de vieilles pièces de monnaie ou des timbres sous les oriflammes publicitaires pour autos Suzuki, montres Longines. Je me suis réfugié à l'intérieur du grand magasin d'État (Ikh Delguur), sur Enkh Taivan (avenue de la Paix). Des vendeuses timides m'ont guidé avec leur anglais parcellaire. *What do you want exactly ?* Je ne le savais pas. Je ne l'ai jamais su, alors allez le faire comprendre en 2005, dans un anglais parcellaire… Gisement de colifichets, vitrine des nouvelles technologies, l'établissement sur cinq ou six étages est l'ambassade d'une mondialisation qu'Oulan-Bator ne connaissait alors que dans des salons Internet exigus, dans les bars de sa jet-set où, comme au *Khanbrau Biergarten*, les jeunes fortunés côtoient les employés d'ONG et des beautés locales en survêtement ou en tee-shirt, fières d'afficher leur maquillage et leurs formes enviables dans la rotonde vitrée, en buvant une Altan-Gobi.

Le soir, l'appartement est vide. L'« habitant » est parti s'installer chez sa mère, le temps de mon séjour. Je lis la carte de visite, imprimée en anglais, qu'il m'a donnée à mon arrivée. Il

se présente comme *General Manager* d'une société d'import-export avec l'Allemagne. Dans les pièces aux cloisons boisées, des prospectus en allemand vantent de mystérieux appareils. Radiateurs ? Climatiseurs ? Gulkhuu est le prénom de cet amateur d'armes taiseux, qui ne reparaîtra que brièvement, à mon départ. Du massif Gulkhuu et de sa vie de directeur général, je ne saurai rien de plus.

Le chauffeur qui me conduit vers les montagnes du Terelj, un matin de pluie, est presque aussi discret que Gulkhuu, mais plus souriant, et nonchalant. Baatar doit avoir dans les quarante-cinq ans. Le teint cuivré, le cheveu court. Il se débrouille en russe et ne connaît pas un mot d'anglais. Les nuages filent très bas. Les pignons des immeubles de banlieue, avec leurs fresques de l'ère rouge, sont seuls à garder quelque trace de couleurs. À travers les vitres embuées, loin de nous, le mémorial de Zaisan célèbre l'avancée des Russes et des Mongols jusqu'à Berlin. À l'autre bout de la grisaille, c'est Gandan qui domine Oulan-Bator, avec, dans ses murs, la statue de vingt-six mètres du « dieu qui regarde dans toutes les directions ». Statue récente, refaite à l'identique pour suppléer à celle dont on fondit le métal loin de là, pour fabriquer des balles. Combien de jeunes Allemands la statue arrêta-t-elle, transformée en grêle de balles, en

Moscovie ? La banlieue passe la matinée entre chien et loup, ses yourtes fument. Comment dit-on, en mongol, *fumer tue* ? Il n'est que les *ovoos* – les cairns chamaniques surmontés de fanions d'un bleu profond – pour encercler la ville d'un liseré de couleur, avec tous les vœux qu'y forment les habitants pour leur avenir.

Bal masqué au pays des Aigles

Franchir la frontière, pour qui aime les pays rares, est un des temps les plus forts du voyage. Le moment de grâce. Tout d'un coup, l'interdit, ou l'inconnu, est défloré. De Corfou, en 1986, j'avais aperçu les côtes de l'Albanie, repéré les immeubles de Saranda, mais ce n'était rien en comparaison de l'arrivée à la frontière, trois ans plus tard. Longtemps, passé Titograd, le mini-bus avait sinué à travers le karst inhabité. On ne croisait aucun véhicule. À chaque tournant, pensait-on, la barrière allait surgir. Mais il faut beaucoup plus de temps et de patience qu'on ne croit pour glisser du rêve à la réalité. Peut-être mon rêve balkanique avait-il pris sa source dans l'écoute d'un 33 tours de musiques des différentes républiques yougoslaves, écoute répétitive que j'associe, dans ma mémoire, à la période des Jeux olympiques de Montréal, 1976. J'ai réécouté le 33 tours, trente et un ans plus tard. Des enregistrements réalisés avec les orchestres de stations radiophoniques qu'on ne captait pas, chez nous. Le premier morceau était « Vlaška Igra » (Serbie), « danse rapide, exécutée pendant la saison des foins ». L'instrument qui s'illustre, dans « Vlaška Igra », est la *frula*, petite flûte droite en bois, « fort semblable, selon la pochette du disque, à celle dont se servaient les anciens Hellènes ». Les anciens Hellènes. Lorsque j'ai réécouté le disque, j'ai retrouvé intacte mon émotion de môme, comme si le merveilleux (ou le mauvais goût ?), contrairement aux neiges du Kilimandjaro, était bien éternel, ou, disons, provisoirement éternel. Ce doit être mon côté « ancien Hellène ». Plus loin, avec « Kaži, Vaske », un morceau macédonien, c'était pareil. Le vinyle restituait mon souvenir à la perfection, jusque dans ses quelques craquements que l'on garde eux aussi en mémoire, comme les fendillements de la peau d'un visage, sur une toile de maître. Mais sans doute est-ce avant même ce disque que naquit véritablement le rêve balkanique, lorsque la première chaîne diffusa, en treize épisodes, la série *Omer Pacha*. Quelque chose se passa devant le gros téléviseur noir et blanc, en 1972, et j'ignore comment cela s'appelle. C'était de l'ordre de l'invite impérieuse, d'une attirance encore abstraite. Le Bosphore, les minarets de Bosnie, toutes ces montagnes parcourues par les cavaliers et les révoltés m'appelaient. Les Balkans devinrent une annexe de mon Far West. Des mots pour aventuriers comme *janissaire*, *fez* ou *yatagan* entrèrent dans mon vocabulaire et je les anoblis au même titre que l'avaient été *squaw*, *scalp* ou *calumet*. Enfin, en 77, il y eut un périple fabuleux dans la canicule balkanique, avec parents et chat siamois, lequel voyageait dans la caravane tirée par une R16 blanche (au départ), périple qui, cet été-là, nous mena, avant d'atteindre Salonique (nid d'espions), de Zadar aux portes de Skopje, de la Neretva au Vardar, des cloches orthodoxes aux minarets de Priština.

... L'Albanie de 1989 a commencé par un lac ourlé de roseaux, si calme qu'il semblait le prolongement naturel du karst sous un aspect différent, plat, poli par un phénomène d'érosion exceptionnel. Au poste-frontière yougoslave, il a fallu descendre et prendre nos bagages. Le minibus a fait demi-tour en nous abandonnant là, en rase brousse. À pied, valise à la main sur une route vide, je suis entré par un après-midi de soleil dans ce « pays-où-l'on-n'arrive-jamais ».

Le ruban de bitume entre les deux États devait bien mesurer dans les deux cents mètres. Qu'y avait-il à l'autre bout qui ait pu aimanter autant mes pensées pendant des années ? Longtemps, le mystère m'a servi de pôle magnétique.

Des montagnes grises assoupies, un bâtiment au crépi rose-rouge, ou pêche, une barrière et un drapeau frappé d'une aigle bicéphale noire au haut d'une hampe et cela me suffisait, j'étais sur une autre planète. Les guides se sont présentés à nous. Ils étaient deux, l'un chargé de surveiller l'autre (et vice versa). Existait-il un rapport hiérarchique entre eux ? Ils s'exprimaient dans un français singulièrement excellent. Les formalités achevées, on nous a servi un rafraîchissement en guise de bienvenue. Par la lucarne des toilettes, j'ai photographié la clôture qui jalonnait la frontière : deux rangées de poteaux en bois, reliés les uns aux autres par des fils de fer barbelés. Sous le soleil d'août, dans la vapeur légère des bords du lac de Shkodër, cette variante locale du *rideau de fer* avait quelque chose d'artisanal, d'expérimental et d'inattendu, ici, entre le dernier lopin de Staline et les terres de Tito. Certains avaient réussi à taillader ces fils de fer, fils d'enfer, et à *passer*. Angelin Preljocaj, le chorégraphe, grandissait dans le ventre de sa mère lorsque celle-ci avait cisaillé les barbelés pour fuir le régime

Hodja. Et je regardais par la lucarne les poteaux descendre en file indienne vers le lac puis claudiquer dans l'eau, certains penchés, avec leurs fils gris.

L'époque était révolue où il importait de faire la preuve de son marxisme zélé pour entrer dans ce pays-prison et où le militant-touriste devait se soumettre à une coupe et un rasage sourcilleux au poste-frontière. On raconte que certains *barbudos* espagnols ont refusé de céder le moindre poil et préféré rebrousser chemin. L'histoire ne dit pas ce qu'il est advenu de leurs convictions.

Pour nous, en 1989, la voie était libre, barbe ou non. En fin d'après-midi, nous avons fait halte dans la première ville, Shkodër, et le soir, tard, on nous servait des plats approximatifs dans un hôtel du bord de l'Adriatique, près de Durrës. Lushnjë, Berat, Vlorë, Tepelenë, Gjirokastër les jours suivants, puis la côte, tout contre la Grèce. Une fin d'après-midi, notre minibus souffreteux s'est rangé devant un hôtel en bord de mer, à quelques centaines de mètres de Saranda. Sans doute l'un des bâtiments que j'avais aperçus du ferry, trois ans plus tôt. Quelques minutes après notre arrivée, comme le groupe, groggy après une étape de montagne, attendait dans le hall que les chambres soient attribuées, on m'a signalé un homme à lunettes qui ressemblait singulièrement à l'écrivain que je lisais depuis des mois en guise de préparation à ce voyage, et dont l'œuvre, à mes yeux, recelait une énigme : comment pouvait-on écrire aussi « librement » dans un pays pareil ? C'était bien Ismail Kadare, vers lequel je suis allé oubliant toute timidité, comme une midinette vers sa star. Nous arrivions, il allait partir, attendant d'une minute à l'autre l'auto qui le reconduirait à Tirana. Notre car serait-il arrivé une demi-heure plus tard, l'inattendu n'aurait pas eu lieu. Un petit groupe s'est formé autour de lui, attraction imprévue et gratuite, petit loukoum culturel. La banalité des questions de mes compatriotes me désolait et je n'entendais pas celle de mes propos. Je ne lui ai pas dit qu'un an plus tôt j'avais lu d'une traite l'un de ses romans, *Qui a ramené Doruntine ?*, allégorie, ballade sur la parole donnée qui avait déclenché en moi un de ces chocs dont l'onde parcourait encore ma vie puisque, *par le plus grand des hasards*, j'avais « obtenu » cette brève rencontre avant que son chauffeur se présente.

Dans la douceur d'août, le soir, nous avons prolongé à l'infini un dernier verre à la terrasse de l'hôtel, dans les rires et le clapotis des vagues. À quelques kilomètres, Corfou allumait ses lanternes magiques. Un de ces car-ferries énormes qui relient la Grèce à Brindisi fendait le détroit ; tout passait pour normal. Les guides étaient à nos petits soins, toujours prêts à sourire de nos plaisanteries médiocres. Quelques estivants flânaient sur la promenade. Saranda peignait un tableau idyllique du paradis rouge. Nulle part ailleurs, je n'ai pourtant eu à ce point la sensation de participer à un *bal masqué*. Les guides, qui établiraient après notre séjour des rapports sur chacun d'entre nous, étaient impeccables dans leurs rôles de cicérones. Mais au large, à moins d'une encablure de nos tables en terrasse, des projecteurs fouillaient la surface de la tombée de la nuit jusqu'à l'aube, chaque nuit que faisait l'Enfer. Des vedettes militaires, des tireurs d'élite se tenaient prêts, dans le port. Il paraît que certaines nuits, quand un projecteur repérait une proie en fuite, les mitraillettes aboyaient.

```
                                          Page  1/ 1

ZCZC STT9619 XBB0524 GRF547 SQG536
0B0E3C2C 051 1625
FRXX CO ABTR 031
TIRANE 31/29 20 1400


                              ERIC FAYE
                              48 RU MONGE
                              70 005 PARIS
                              /PA5




    BIEN RECU VOTRE LETTRE D,ACCORD POUR VOUS RENCONTRER
    EN VUE REALISATION DE VOTRE PROJET ATTENDS VOS
    PROPOSITIONS CONCRETES MAITIES
         ISMAIL KADARE
```

L'avion des lignes roumaines avait décollé de Rome avec une dizaine d'heures de retard à cause d'une grève du personnel au sol à Bucarest. (« Grève en Roumanie » : cela, en 1990, tintait comme des notes inouïes ; une nouveauté dernier cri au salon de l'Histoire). L'engin, censé pouvoir être converti en bombardier en temps de guerre, vibrait singulièrement. La nuit adriatique était froide et pluvieuse. On venait de servir aux passagers une eau minérale gazeuse, peut-être pour détourner leur attention de la musique folklorique serinée par les haut-parleurs. En vain. À mesure que le quadriréacteur de la Tarom se rapprochait de l'aéroport de Tirana en perdant de l'altitude, l'impression de voler vers une plaque d'outre-Europe, à la dérive entre Occident et Orient rouge, se précisait. Avril 1990. Je relisais en pensée le télégramme que j'avais reçu le 19 février : *D'accord pour vous rencontrer en vue réalisation de votre projet. Attends vos propositions concrètes. Amitiés. Ismail Kadare.* Sous les ailes de l'appareil qui amorçait sa descente, le pays des Aigles, Shqipëria, qui n'avait pas de compagnie aérienne. Il était près de minuit. Le chauffeur qu'on avait envoyé à mes devants en début d'après-midi était reparti depuis longtemps et dormait paisiblement. Alors les roues ont touché la piste et l'avion s'est rangé près de l'unique bâtiment, faiblement éclairé. Quelques passagers se sont levés, qui avaient à faire comme moi dans cet étrange pays. Parmi eux, un Italien intarissable (pléonasme ?), qui m'avait tenu la jambe depuis le décollage. Pour quelles affaires pouvait-on bien descendre dans ce trou noir ? Je crois qu'il m'avait dit être *dans la chaussure* et je plaignais par avance les pieds albanais qu'il comptait chausser.

Nous avons remonté une allée bordée d'essences méditerranéennes, sous l'œil d'un garde armé d'une mitraillette. Depuis mon voyage de l'été précédent, le mur de Berlin était tombé. De Prague à Sofia, les étoiles rouges s'étaient éteintes une à une. J'ignorais si, à l'intérieur de sa bulle, l'Albanie avait conservé quelque chose de sa superbe et feignait l'indifférence, ou si la conscience d'être le dernier domino debout avait réveillé le mythe de la citadelle assiégée, cher à l'histoire officielle.

*

Le douanier auquel je venais de tendre mon passeport frappé d'un visa a relevé les yeux vers moi et m'a souri en prononçant ces mots : « Ah, mister Kadare… » Que voulait-il dire ? Son sourire énigmatique, je le revois, dix-huit ans plus tard. Je ne saurais dire ce qu'il pensait mais une chose est certaine, je n'avais pas fait cent pas sur cette terre que j'étais déjà repéré comme l'invité de l'écrivain. Rien ne servirait de jouer au caméléon ou, comme je le comprendrais vite, de vouloir parler seul à seul avec *mister Kadare*. J'insiste sur l'absence d'accent aigu à la dernière voyelle de son nom. En albanais, on écrit *Kadare*, et, ainsi orthographié, ce patronyme acquiert à mes yeux une vigueur particulière : il met à distance. Peut-être échappe-t-il d'une certaine façon aux tentatives de « domestication » de l'Occident.

À la sortie de l'aéroport, comme je m'y attendais, aucun taxi ne m'attendait plus. Je suis monté à l'arrière d'une fourgonnette qui prenait en charge quelques autres étrangers, dont l'Italien dans la chaussure. Nul ne m'a rien demandé. J'ignorais quelle était notre destination exacte. Une petite heure plus tard, j'étais devant le Dajti, où l'écrivain avait déjà hébergé son « général de l'armée morte ». On était en pleine nuit. Dans cet hôtel où le régime logeait ses invités étrangers, Ismail Kadare avait aperçu un officier aumônier italien aux alentours de 1960, venu récupérer les cendres de ses compatriotes tombés pendant la guerre.

Comme à la réception aucune chambre n'était réservée à mon nom, j'ai supposé que l'écrivain avait oublié de le faire. Ou bien l'avait-il fait ailleurs, au Tirana, qui surplombe la place Skanderbeg ? Craignant de me retrouver à la rue, j'ai fait appeler Kadare et la réception m'a passé une voix ensommeillée, quelques secondes plus tard. J'avais honte. J'ai balbutié quelque chose sur la grève roumaine et mon interlocuteur a semblé s'en amuser, s'est arrangé avec l'hôtel pour que je sois logé sans délai. Rendez-vous fut pris pour le lendemain en milieu de matinée, au bar.

Ma chambre donnait sur l'arrière, sur le mont Dajti et l'est de la petite capitale. Pas très loin, une énorme étoile rouge brillait au sommet du musée Enver Hodja, édifice conique de marbre et de verre, majestueux et terrible et qui, à l'époque de son inauguration, deux ans plus tôt, avait inspiré un roman encore inédit de Kadare, dont il ne me dirait pas un mot: *La Pyramide*. Le général italien, lui, a vue sur le Grand Boulevard car de sa chambre, il entend puis distingue dans l'aube grise comme une armée fantôme qu'il croit sienne: un bataillon qui répète pour le défilé de la fête nationale. De tout cela, je ne voyais ni ne pensais rien pour l'instant; ce que je découvrais était une chambre vaste, un volumineux transistor chinois sur la table de nuit et une salle de bains noyée sous un lac artificiel. Un jour falot, conçu pour la déprime, tout de flaques d'eau et d'autobus boueux, se lèverait quelques heures plus tard pour mettre de l'ordre dans mes idées et me laisser entrevoir que j'avais oublié l'essentiel, un rasoir, sans l'effet duquel je n'envisageais pas un instant de me présenter à l'écrivain. C'est ainsi que ma première tâche, le matin venu, a été d'errer dans les rues du centre en quête d'un magasin où me procurer un rasoir. La dernière capitale de l'Est encore à l'abri d'un rideau de fer se rendait au travail. Les boutiques étaient aussi rares que leurs clients, les rayons peu fournis. J'ai marché une bonne heure, d'une humeur maussade. Dans ce qui s'apparentait à une galerie commerçante, j'ai trouvé mon bonheur, un paquet de lames tchécoslovaques, mais sans manche, sans support. Peu importe. Et de retour à l'hôtel, j'ai découvert dans le hall un comptoir qui venait d'ouvrir, où tout était en vente, de la lotion après-rasage au rasoir rêvé.

*

Nul n'écrit pour passer le temps : cette règle s'applique avant tout à des auteurs comme Kadare. Je pouvais observer maintenant l'écrivain dans son biotope, le microcosme intellectuel et politique de Tirana, bourgade-capitale dont il n'était pas facile de sortir. Chaque matin, nous nous rencontrions dans un des salons du rez-de-chaussée de l'hôtel. Rien, ici, ne laissait encore augurer de la chute prochaine de l'Empire rouge ; des grappes de Nord-Coréens ou de Chinois, plus souriants les uns que les autres, frôlaient des hommes d'affaires italiens désespérément volubiles ou des Albanais taiseux ; on me signala un jour au restaurant la fille d'Enver Hodja, Pranvera, architecte qui avait conçu le musée Georges-Castriote, à Kruja. Nous évoluions là dans une étroite zone franche où deux mondes s'interpénétraient, l'un

135

en expansion, l'autre en instance de déroute, bougie qui atteint son bougeoir et dont la mèche va se noyer. Mais les apparences demeuraient sauves. Un calme irréel pesait sur Tirana et ses avenues sans véhicules, au bord desquelles trois feux tricolores avaient poussé sans raison véritable, récemment. Le calme auquel on s'attend dans une ville désertée pour cause de cyclone à l'approche.

Dans les salons de l'hôtel qui accueillaient nos entretiens, nous nous retrouvions à trois, car nous écoutait toujours un « chaperon » : un Albanais ne devait jamais rencontrer seul un Occidental. Kadare avait pris soin de se faire accompagner d'une âme de confiance, un jeune écrivain parfaitement francophone, Besnik Mustafaj. Les deux premiers jours, je profitais

des moments où notre chaperon allait chercher des cafés pour glisser mes questions les plus osées, mais rien de fondamental ne changeait dans le phrasé retenu d'Ismail Kadare. Une fois, alors que nous étions seuls, il refusa de répondre, sur un ton poli et catégorique. Je vis son visage se fermer. Ce fut l'unique fois et j'ai oublié quelle était ma question, ce qu'à ses yeux elle pouvait avoir d'importun ou de dangereux.

Jamais plus, ensuite, il ne se cabra. Je me doutais que des oreilles indiscrètes captaient notre échange mais ne parvenais pas non plus à croire véritablement à leur présence. Sous des écouteurs, pourtant, dans une autre salle de l'établissement, on nous entendait deviser en français de Don Quichotte, Gogol ou d'autres lascars de cette trempe. Qui nous écoutait ?

Quelles consignes avait cette personne ? Peut-être l'avais-je croisée ou frôlée un peu plus tôt, dans le hall, et l'avais-je saluée… Un jour, comme il le raconte quelque part, Kadare avait demandé à l'espion de permanence, aperçu dans les couloirs, si l'enregistrement était bon. Les deux hommes avaient ri.

Peu à peu, j'appris à ne plus me soucier des micros. Nous ne parlions que de littérature. Kadare semblait rarement gêné. À l'instar d'un contrebandier qui déjoue les patrouilles de gardes-frontière, il savait emprunter, dans notre conversation, des sentiers où nos cerbères ne pouvaient nous suivre. C'était, plus qu'un dialogue, un monologue escarpé qui le conduisait en haute altitude, au-delà de la mer des nuages sous laquelle demeuraient nos surveillants. Sous le soleil de l'universel culminaient chaque matin de nos rencontres des sommets plus majestueux les uns que les autres – Homère, Eschyle, Dante et Shakespeare, parmi les principaux – tandis qu'en bas, sous les fumées, Tirana croyait nous épier. J'avais compris aussi que Besnik Mustafaj, l'écrivain Mustafaj, le remarquable conteur d'*Un été sans retour*, était acquis à la cause d'une littérature libre de toute entrave et que son visage attentif, derrière la fumée de ses Dunhill, n'était pas celui d'un chien de garde.

Écoutant Ismail Kadare évoquer son *topos* littéraire, je revenais en pensée un mois plus tôt, le mardi 27 mars, dans le salon de son hôtel parisien, proche de l'École militaire, où je l'avais retrouvé pour lui présenter mon projet d'écriture. Du camp de base que j'installais au pied de son œuvre, je comptais, avec sa complicité, lancer des missions de reconnaissance le plus loin possible dans ses écrits. L'homme était attentif, le visage grave, et j'ai cru tout d'abord que mon affaire tournait mal en le voyant, à certaines de mes réflexions, secouer la tête de gauche à droite et de droite à gauche comme en signe de désapprobation. Je me suis souvenu à temps que, pour les Albanais, le code était inversé : ils hochent la tête pour marquer un désaccord et opinent comme le faisait Kadare à l'instant. Tout pouvait donc continuer.

Je lui avais montré la carte imprécise que j'avais établie pendant que j'étudiais son œuvre : elle reproduisait le réseau d'interconnexions reliant ses textes. Il m'était vite apparu qu'aucun livre, ou presque, n'était autonome. C'était une entreprise de type balzacien, mais la Comédie humaine kadaréenne ne se cantonnait pas dans une « époque-pays » déterminée. Elle commençait de nos jours et plongeait jusqu'à l'Égypte ancienne, à Troie et aux dieux de l'Olympe, pour recouvrir toute l'Eurasie, de Tirana à Pékin, d'Istanbul à Moscou. Des lieux imaginaires ou semi-imaginaires, des événements historiques ou mythologiques s'enchevêtraient dans un grand livre labyrinthique dont on obtenait, au bout de plusieurs mois de lecture assidue, comme une « photo aérienne ». À la vue de ma « carte », son visage méfiant s'était détendu. Il avait détaillé la feuille, les flèches, les ensembles : son front s'était plissé, l'homme avait paru rêveur, puis il m'avait confié d'une voix animée, en souriant : « Moi aussi, j'ai tracé un plan comme ça, j'ai tenté de noter tous les liens entre mes livres… »

Dans le silence de la chambre d'hôtel, l'après-midi, je retranscrivais les phrases capturées le matin par le dictaphone. Je tenais de l'or. J'accumulais les témoignages et les pensées d'un homme qui, malgré l'intensité des pressions, avait sauvegardé l'art année après année, communiqué un feu prométhéen à ses semblables en montrant, par sa manière d'être et de créer, qu'au cœur de cette maison de redressement qu'était l'Albanie, chacun pouvait cultiver une part de liberté, faire à sa façon l'école buissonnière, sécher le plan quinquennal. J'avais affaire à une espèce rare, un sourcier des mythes. Lorsque j'avais fini de retranscrire, je déambulais dans Tirana où la lumière printanière était d'une pureté étrange. J'avais prévu pour ces sorties une « tenue albanaise » – jersey jaune à col montant et vieux jean dépareillés – qui me donnait l'illusion de passer inaperçu, du moins parmi la population. Car les Fiat blanches de la Sécurité, garées devant l'hôtel, savaient pertinemment ce qu'elles avaient à faire, quel que soit l'accoutrement de l'étranger descendant les marches du Dajti. Je zoomais Staline en bronze, Lénine qui lui faisait face, les affiches de propagande, la mosquée Haxhi Etehem Bej, un manège à l'abandon, des bâtiments non crépis, les monts environnants, cette lumière d'avril d'une pureté décidément étrange. L'envie m'a pris de monter au dernier étage de l'hôtel Tirana, qui devait en compter une quinzaine. De là-haut, mieux que partout ailleurs, on dominait cette ville très basse et silencieuse. Au bout d'un couloir, j'ai eu un petit choc devant les toits de tuiles : probablement était-ce ici, puisqu'il n'existait pas d'autre lieu élevé dans le centre – hormis le minaret et la tour de l'horloge –, que la photo avait été prise. La toute première photo d'Albanie qu'il m'avait été donné de voir, dans le manuel de géographie de quatrième, au chapitre « Pays socialistes ». Un panorama banal de l'enchevêtrement des maisons des quartiers nord ou nord-est, dont les rues s'essoufflent sur les contreforts du Dajti. Et si c'était à cette photo que je devais d'être là ? Le professeur n'avait pas consacré plus de quelques minutes à ce canton des limbes dont on ne savait pas grand-chose sinon que l'on n'en sortait pas et que l'on n'y arrivait jamais.

*

À la fin du séjour, Ismail Kadare m'invita à dîner chez lui. Besnik Mustafaj passa me prendre au Dajti et nous traversâmes la place Skanderbeg qu'arpentaient les piétons du soir. Combien de microévénements, de l'hôtel à la place des ministères et au Grand Boulevard, avaient parcouru des romans comme *L'Hiver de la grande solitude* ou *Novembre d'une capitale* ? Entre l'hôtel Tirana et le palais de la Culture, nous nous engageâmes dans la rue de Dibra où l'écrivain habitait alors. Extérieurement, l'immeuble était dénué du moindre cachet, comme presque

142

tous ceux de la ville. On accédait à la cage d'escalier par l'arrière, après un terrain vague. L'ampoule, comme dans tout immeuble tiranais qui se respectait, n'avait pas été remplacée ; on montait en tâtonnant, dans les courants d'air : pas de vitres aux étages. À mon retour en France, je le savais, les bien-pensants me prouveraient par a+b que *Kadare-est-un-privilégié-du-régime*.

Ce fut une soirée comme je ne m'étais pas attendu à en vivre dans cette Albanie si proche et si lointaine. Nous étions six à table : Kadare et son épouse Helena, deux de leurs amis, des « courtisans », francophones, qui passaient sans vergogne la brosse à reluire au grand écrivain, pendant que Besnik Mustafaj, silencieux, les écoutait pérorer d'un air réprobateur. Avant de passer à table, Kadare m'avait désigné les endroits de l'appartement où il écrivait, le matin, selon l'humeur du jour, selon la lumière ambiante. Cinq ou six endroits, dont un, proche d'un petit réfrigérateur camouflé sous un revêtement boisé. Comme je lui faisais remarquer qu'il n'y avait là aucune table, il esquissa le geste d'écrire sur son genou.

C'était un appartement à deux entrées – ou deux sorties. Kadare avait plaisanté du fait qu'il pouvait s'esquiver quand un importun sonnait de l'autre côté. Pensait-il à son voisin, le président de l'Union des écrivains Dritëro Agolli, impitoyable à ses heures, qui pouvait surveiller jusqu'aux visites qu'il recevait ? Quelle part de réalité glissait dans les plaisanteries qui fusèrent ce soir-là ? L'écrivain riait de ce vers de Rimbaud que, en manière de clin d'œil, un correspondant français lui avait envoyé et que les esprits chargés de lire le courrier avaient interprété comme un message codé... Nous riions des itinéraires labyrinthiques qu'un voyageur albanais devait suivre en avion pour atteindre des capitales parfois proches, transitant par Budapest ou Moscou, puis Amsterdam, pour se poser enfin à Paris. La masse du mont Dajti, qui, sous une cape de bois sombres, couronne Tirana de ses mille six cents mètres, pesait ce soir-là de tout son poids sur la ville, sur chaque bâtiment, sur les épaules de chaque habitant. Difficile de dire, dans cette ambiance chaleureuse et dans cette ombre tutélaire, ce qui, chez mes hôtes, relevait de la simple joie de vivre ou de la nécessité de souffler. Ne plus avoir peur, le temps de quelques éclats de rire, dans lesquels il n'était pas facile de discerner la part de petite insurrection qui couvait. Et puis – était-ce au début ou à la fin de la soirée ? –, l'écrivain s'était éclipsé dans sa bibliothèque et, un moment plus tard, nous l'avions vu revenir rassuré : il avait retrouvé un vers d'un chant d'Homère qui lui échappait. Dans son monde intérieur, les machines pouvaient recommencer à tourner. Rescapé d'une catastrophe minuscule, il allait deviser tranquillement avec nous.

*

Tout au long de la semaine, Tirana avait baigné dans la même lumière stupéfiante, une pureté des lignes qui déformait les perspectives, rehaussait tout, rapprochait les collines et leurs pinèdes. Tout était à portée de main. La couleur qui me reste en mémoire, outre le bleu du ciel et le liseré noir des avis de décès collés aux murs, c'est le rouge des banderoles qu'on tendait en travers des rues. La ville se préparait pour le 1er Mai. Il ferait beau, ce jour-là. À l'ambassade de France, on se rappelait avec un sourire en coin le 1er Mai précédent : la pluie drue sur les camions, les side-cars qui se remplissaient comme des bidets et les portraits géants, les feutres des membres du Bureau politique dont les rebords se transformaient en gouttières et finissaient par déborder, se retourner. De tout cela, il n'y aurait rien cette année, mais la météorologie n'en était pas seule responsable.

Depuis quelques jours, des panneaux peints, représentant la ville divisée en quartiers, détaillaient l'organisation du grand pique-nique prévu pour la fête du Travail, et la répartition des habitants dans des parcs dont j'ignorais l'existence, ne les ayant jamais traversés car ils devaient tenir lieu de périphérie, du côté du palais des Brigades et du lac de retenue. Tirana hissait ses effigies et déroulait ses slogans pour son dernier 1er Mai stalinien. Place Skanderbeg, Enver Hodja en bronze saluait d'un air paternaliste, pour quelques mois encore. Bientôt on l'abattrait, on le compisserait même de tout son long.

*

Un soir, j'avais cherché où vivait Etleva (Eva), la guide qui avait encadré mon voyage de l'été précédent. Nous étions parvenus à garder un contact épistolaire et j'avais son adresse, mais impossible de se procurer un plan de la capitale. *City map* ? On m'opposait systématiquement, à chaque kiosque, la même réponse négative. Un plan ? Inutile d'en acheter un, la ville ne portait aucune plaque de rue. Les rues avaient bien des noms, puisque j'avais le papier sur lequel Eva avait griffonné discrètement ses coordonnées, à l'arrière du minibus, avant que l'on se quitte à la frontière. J'interpellai des gens au hasard dans la rue, jusqu'à ce que des enfants me guident vers l'immeuble. J'apprendrais plus tard que j'avais, théoriquement, fait courir un risque à la famille de mon amie ; il était toujours interdit, pour un Albanais, de recevoir un étranger chez lui. Nous étions entrés cependant dans une phase d'amollissement de la dictature et rien ne leur arriva de fâcheux. De cet interdit, la famille d'Etleva ne laissa rien paraître en me recevant comme un roi, et mon ancienne guide me donna rendez-vous le lendemain, au bar du Dajti. C'était braver un autre interdit dont je n'avais pas conscience, qui consistait à ne jamais entrer dans cette « zone franche ». Là, je lui avais proposé de me guider de nouveau, mais seul, à l'intérieur de la pyramide dont l'étoile signalait l'épicentre du communisme et qui avait exercé sur moi, cette semaine-là, un étrange attrait. Le musée Hodja n'était ni une nécropole, ni un mausolée. L'homme avait été inhumé, pas même embaumé, sur les hauteurs tiranaises, dans une tombe d'une grande simplicité. Le musée exposait ses faits d'armes de la Seconde Guerre mondiale, l'auto à bord de laquelle il circulait lorsqu'il était partisan, ses écrits, sa correspondance, les œuvres de ce polygraphe traduites en de nombreuses langues et des photos, combien de photos retouchées grossièrement (sur lesquelles, parfois, le nombre de pieds excédait le double de celui des têtes restantes). Et tous ces sourires fraternels, qui faisaient froid dans le dos... Dans le bal masqué que donnait cette Albanie dantesque, le plus remarquable était peut-être la faculté de chacun à enfouir, devant l'étranger que j'étais, la peur qui l'habitait. Ne pas pouvoir à sa guise se confier à ses proches, ne plus avoir l'intimité de la parole, pas même sur un oreiller car ce mot si doux, oreiller, contient oreille. Le soir, de son balcon boulevard Staline, l'attaché culturel de l'ambassade de France voyait régulièrement Kadare et son épouse déambuler lentement, pour avoir le temps de se parler à l'écart des micros nichés chez eux, micros qu'on ne devait surtout pas tuer, comme s'il s'était agi de scarabées sacrés. Au musée, sous l'étoile du Sultan rouge, le visiteur découvrait les commentaires délicats du défunt Guide sur une prose française surannée, qu'il goûtait mais interdisait de lire à ses sujets. Comme l'écrivait justement Robert Escarpit, cet homme était « imbu de culture humaniste française ». Des années plus tard, en Provence, j'aurais l'occasion de faire la connaissance de Bashkim Shehu, fils de l'ancien Premier ministre albanais Mehmet Shehu, que Hodja accula au suicide ou fit assassiner une nuit de décembre 1981. Bashkim Shehu était un esprit brillant, ouvert et libre, épris de philosophie, qui avait traduit Steiner, Finkielkraut ; il ne semblait avoir gardé aucune séquelle de sa longue détention, laquelle avait brisé sa vie sentimentale et familiale, avait failli briser sa vie tout court. Peu après la mort de son père, Bashkim Shehu fut arrêté, condamné à dix ans. Son frère aîné, Vladimir, mourut « électrocuté » en mai 82. Leur mère décéda en prison, d'une « crise cardiaque », six ans plus tard, alors qu'elle purgeait une peine d'un quart de siècle. Voilà le pays qui m'avait attiré. Quelques années après la chute du régime, j'ai pu m'aventurer librement dans ce qui, en 90, était encore un quartier interdit, le *bloc*. Sous de grands arbres, un réseau de rues soigneusement entretenues et de villas plus ou moins cossues mais qui, en Occident, auraient paru banales. Un havre de paix… C'était là que, une nuit de l'automne 81, un coup de feu avait fait passer le père de Bashkim Shehu de vie à trépas, épisode sur lequel Kadare écrirait un roman saisissant, *Le Successeur*.

Le matin du 1ᵉʳ Mai, en lieu et place du défilé traditionnel, j'ai vu une foule descendre le Grand Boulevard en direction du grand parc, derrière l'université. Deux heures plus tard, l'attaché culturel de l'ambassade passait me prendre pour me reconduire à l'aéroport. Nous avons traversé la place Skanderbeg. L'énorme statue de bronze d'Enver Hodja nous a salués comme l'avait fait ces derniers jours son portrait géant, nimbé de rouge, au bout du Grand Boulevard. J'ignorais qu'à la même période, Kadare avait obtenu une entrevue auprès du chef de l'État, pour plaider la cause de réformes qui ne venaient pas, ou très lentement. Il en était ressorti avec de vagues promesses, que le numéro un Ramiz Alia ne tiendrait pas. J'ignorais qu'au cours de ce printemps, il avait arrêté la décision de partir en exil dès que l'occasion se présenterait.

Le « dernier domino » chancela au début de l'été. Phare du socialisme pur, l'Albanie entra dans la saison des tempêtes. Des grappes humaines escaladèrent les grilles des ambassades occidentales puis quittèrent le pays à bord d'une flottille de rafiots, destination l'Italie.

Certains, peu calés en géopolitique, trouvèrent refuge à l'ambassade de Cuba. Le pays fuyait. Juillet, août, septembre : la situation fermenta. Bien que l'abcès des ambassades eût fini de crever, les clans au pouvoir tremblaient. Le président durcissait le ton, remettait aux calendes grecques les concessions attendues.

*

Quelques mois plus tard, en octobre, je poursuivais à Paris les entretiens avec Kadare. Un jour, deux semaines après son arrivée, il me parut très fatigué. Son français était devenu hésitant. Fini, le ton captivant des derniers jours, sur lequel il avait évoqué son voyage dans la Chine de 1967, en pleine déroute de la littérature. Quelque chose, dans ses pensées, gênait soudain le débit des mots. Le 19 octobre, il parla d'Ovide, de son poème « La dernière nuit dans Rome » et de son exil en Dacie. Ce fut le seul moment où ses propos retrouvèrent leur brillance passée. Au moment de nous séparer, il annonça qu'il s'apprêtait à partir en voyage. En Norvège. Il me serait facile de reprendre contact avec lui, fin octobre. À cet hôtel-ci ? « Non. J'ignore où je serai. Demandez à mon éditeur.

Lui saura… » Je n'imaginais pas quelle décision il avait prise au printemps, dans ces jours où nous parlions d'Eschyle ou de Gogol dans les salons du Dajti.

Quelques jours après, *Le Monde* titrait en une, dans son édition datée du 26 octobre : « Les adieux de Kadaré à l'Albanie ». Il était le dernier en date d'une longue colonne d'exilés ; lui partait pour lutter contre la dernière souche du stalinisme en Europe. J'ignorais où il pouvait être. Quels étaient ses sentiments, son état d'esprit. C'est lui, deux ou trois semaines plus tard, qui renoua le contact, par téléphone. Ainsi nos entretiens purent se poursuivre, aux heures qu'il fixait. J'ignorais d'où il appelait. Il y avait quelque chose d'émouvant à entendre sa voix surgir d'un appareil, à intervalles réguliers, à l'écouter répondre, chercher le mot exact, marquer une pause, reprendre dans les graves. Je saisissais le dictaphone et une liste de questions en attente, enclenchais le haut-parleur et enregistrais. C'est lors d'un de ces appels qu'il récita, dans une traduction improvisée, hésitante, le poème qu'il avait écrit avant de monter dans l'avion de l'exil. J'entends encore la dernière strophe qu'il avait récitée, presque scandée dans le téléphone, d'une voix grave, qui vibrait :

Tourmenté jusqu'à l'issue tragique
Par les regrets, les mots sacrifiés aux silences
Peut-être à tous adresserai-je un signe
                              [énigmatique
Avant de tirer ma révérence.

Il faut croire que certains lieux, à certains moments, jouent le rôle d'un cercle rouge à l'intérieur duquel surviennent les rencontres déterminantes. Il doit y avoir aussi quelque chose du sourcier chez l'enfant pour qu'il pressente, en regardant d'innocentes cartes, en parcourant l'atlas, où le conduira son avenir comme le bâton de coudrier s'oriente vers l'eau. Cinq ans après le vol de Kadare vers l'exil, j'attends à l'aéroport de Corfou un vieux monsieur qui a décollé une heure plus tôt de Tirana. Des chasseurs minuscules, comme abandonnés là cinquante ans auparavant par la RAF, dorent leurs élytres en bord de piste. L'Albanie est toujours, théoriquement, en état de belligérance avec la Grèce et le petit avion de

tourisme qui bourdonne et perd de l'altitude est
« ennemi ». Jusuf Vrioni n'a pourtant rien d'un
ennemi des Grecs et de leur langue, dont une
nounou l'avait imprégné pendant ses années
d'enfance, vers 1916-1918, avant que sa famille
regagne Berat en terre albanaise. C'est tout près
de Berat, pendant le voyage de 89, que j'avais
entendu parler de cet homme pour la première
fois, par l'un des guides. C'est un très vieux
monsieur, m'avait-il fait avec un sourire, un
monsieur merveilleux, comme je lui demandais
s'il connaissait celui qui signait les traductions

de Kadare en français. Ce guide, je l'ai compris plus tard, ne pouvait pas dire à un étranger pourquoi le français d'un vieil homme reclus en Albanie était si léché, érudit, précis. Pour moi, le curieux et l'inopportun, le guide l'avait vieilli prématurément jusqu'à en faire un inaccessible vénérable, que l'on ne questionne ni ne sort de ses limbes, mais que l'on respecte faussement avec des mots comme *merveilleux* et autres hyperboles.

Ce n'est pas un vénérable qui vient vers moi dans le hall des arrivées mais tout le contraire. L'homme, à soixante-dix-neuf ans, est alerte, et ce dandy, je le sais, regrette jusqu'au chagrin d'avoir dû quitter son port d'attache, la jeunesse. Jeunesse qui s'attarde en lui plus que de raison : quarante-sept années nous séparent mais jamais je ne remarque ce gouffre.

De notre port grec, l'hôtel de Saranda est facile à reconnaître, tout blanc et isolé, sur l'autre rivage. L'Albanie est avare de bâtiments, impossible de le prendre pour un autre à cet endroit. Lorsque la table du petit déjeuner est débarrassée, dans le jardinet isolé du port par une haie, commence notre séance de travail. Écoutés par un dictaphone, nous tentons de mettre la dernière main à une somme d'entretiens entamés deux ans plus tôt à Paris, continués à Tirana, poursuivis à Paris… C'est que, de sa vie que nous allons écrire à quatre mains, on ne finit jamais d'ouvrir les tiroirs et les portes dérobées. Terminerons-nous un jour ? Enfant, amoureux des cartes et des atlas, lorsque je m'égarais du côté de l'Albanie aux noms étranges et aux routes interrompues bien avant la frontière, je ne me doutais pas que ce pays retenait cet homme à part.

Le dictaphone ronronne sur la terrasse corfiote. Parfois, Jusuf V. fronce les sourcils : « Éteins-moi ce machin un instant, je veux te dire quelque chose. » Et c'est alors que sa langue se délie. À moi de trouver le moyen de repasser du mode « pause » au mode « play » sans qu'il s'en aperçoive… Le passé est peut-être miné, d'être trop intime. Il serpente dans ses souvenirs, évite les uns, contourne les autres, puis capitule, m'en livre quelques-uns en me souriant de ses yeux d'enfant, ensuite, d'un air de dire. Alors, content ? Tu as ce que tu voulais, pour aujourd'hui ?

Bien malin qui, sans le connaître, pourrait déterminer son origine, derrière son français parfait. Au-delà de son passeport à l'aigle bicéphale, voilà sans doute un Européen comme les aimaient les années vingt avec leurs Zweig, Rolland, Canetti. « Éteins-moi ce machin un instant… » Il se tourne parfois de profil – celui des deux qu'il appelle en plaisantant son profil hollywoodien – et soupire en apercevant Saranda de l'autre côté du détroit. Il veut ce livre et pourtant aspire à l'oublier. L'interrompre. Combien de fantômes sa boîte de Pandore, une fois ouverte, a-t-elle laissés s'échapper ? Tenez, jouez à ma place, voici les pièces du puzzle dans le désordre, saurez-vous les classer, en rang, qu'aucune tête ne dépasse avant d'entrer dans la biographie lisse, claire et nette qu'il me faut tirer d'une vie : voilà ce qu'il semble dire à son éditeur, à moi, à tous ceux qui réclament ce livre. Aujourd'hui, dans une cave encombrée de boulets de charbon, il me reste, dans un carton, des dizaines de cassettes pleines de sa voix. Je n'ai jamais osé la réécouter depuis qu'elle s'est éteinte, le 1er juin 2001.

À l'écart du centre de Corfou où l'on joue au cricket, je me gare près du front de mer, dans la direction de l'Achiléon. Est-il ému ? En 1995, le bâtiment est occupé au rez-de-chaussée par une agence de voyages, Arvanitis, Tourism Travel. En 1916, lorsqu'il y est né, c'était la villa Zavitsianou, avec un jardin exubérant où le gardent sa nounou grecque puis sa gouvernante genevoise, pendant que sa mère est au piano. Le jour de sa naissance, des centaines ou des milliers d'hommes meurent sur des fronts fixes et froids.

Les épousailles de ses parents marquent la confluence de deux grandes familles albanaises, l'une ancrée dans l'Albanie centrale – du côté paternel (laquelle, selon certaines sources, descendrait des Paléologues), l'autre, du côté maternel, la branche des Dino, dont les racines sont à chercher au plus loin de l'Empire ottoman, puisqu'un de ses grands-oncles servit comme ministre des Affaires étrangères du sultan. Lors de mon premier voyage en Albanie stalinienne, en 89, j'ignore que l'on me fait visiter à Berat l'ancienne demeure des Vrioni, demeure illustre aux yeux du régime parce qu'elle a abrité, en octobre 44, la première réunion du gouvernement issu de la lutte des partisans rouges. De ce fait, ce qu'il en reste a été converti en *Musée historique de la lutte de libération nationale*. J'ignore que l'ami futur, l'enfant Vrioni, a couru dans ces pièces à son retour de Corfou. De combien d'amis croisons-nous les traces, dans une vie, longtemps avant de faire leur connaissance ?

Aurait-il eu mon âge, je ne me serais sans doute pas lié d'amitié avec un homme de ce monde. Grand sportif, insouciant membre actif de la jeunesse dorée, bon vivant, collectionneur de diplômes sans être intellectuel, voilà ce qui le caractérisait quand il vivait à Paris les années folles, puis celles de la « grande dépression », son père ayant connu une carrière politique étonnante : président du Conseil d'Albanie, puis ministre des Affaires étrangères, enfin chef de la légation à Paris… À cette époque, il croise Louis Jourdan, connaît Micheline Presle et bon nombre de sportifs de haut niveau. En 1939, en Italie où il a émigré, il se lie d'amitié avec la famille Agnelli, Anna Magnani, croise Malaparte ou De Sica, Edda Ciano, sans se sentir pour un sou engagé en politique, non, c'est une vague, la vie, qui le porte par ici, par là. Soudain, la jeunesse dorée, qu'elle soit parisienne ou romaine, cesse brutalement, lorsqu'il rentre en Albanie, vers la fin de la guerre, pour gérer le domaine de la famille. Après avoir commencé comme dans un roman de Proust, son existence vire au tragique. Pour trois fois rien, un juge le condamne à quinze ans de bagne, et il soupire soudain de soulagement, parce qu'il se croyait bon pour la mort, un jour de 1950, après trois ans derrière les barreaux, dont vingt-sept mois en cellule d'isolement total.

Terreur stalinienne. Certains sont jetés en prison après avoir révélé à des étrangers le prix du... beurre. Jusuf Vrioni est condamné pour espionnage pour le compte de la France. Mais si ses procureurs avaient voulu trouver au fond de sa vie quelque motif valable, il aurait mieux valu qu'ils retiennent l'altercation qui l'avait opposé, un soir, dans Paris, avec un certain Longuet, de la famille de Karl Marx...

Jusqu'en 1959, il a droit à une visite minutieuse de l'enfer local, cercle après cercle. Quelquefois, des rayons de soleil percent les ténèbres de cette décennie maudite et le ramènent, un temps, dans le monde. Dans la chambrée, il lit, à raison de deux pages par jour, un roman d'Henry Bordeaux, *La Neige sur les pas*, pour garder en lui la langue française. Ce livre lui est parvenu par hasard, et il le renvoie à l'hiver 36-37, lorsque, jeune hockeyeur, il était descendu au Palace Hotel, à Caux-sur-Montreux. La jeunesse vient le hanter, ou l'encourager, jusqu'au fond des camps de travail. Vers 55, à la fin d'une journée de labeur, un gardien du camp allume la radio, répercutée par les haut-parleurs. Il se trompe de fréquence et, au lieu de la martiale Radio-Tirana, tombe sur Bucarest. Un air de jazz, de ceux qu'il aimait tant aller écouter à Paris, envahit les baraquements. Il se dit qu'il se passe quelque chose dans le camp socialiste, depuis la mort de Staline, pour qu'une telle musique y soit autorisée, désormais... Longtemps, après sa libération, l'étranger, et tout son passé, reviendra par moments, par effluves, comme lorsque, contraint de traduire des textes politiques, il tombe, au Comité central, sur un exemplaire de *Paris-Match* et un article sur l'entrée des Américains dans Paris, en août 44. Sur une photo, Charley Michaelis, au volant de la première Jeep entrée dans la ville, Michaelis qu'il avait bien connu dans le Paris des années trente. Une lumière venue d'autres astres traverse la poussière et parvient jusqu'à lui. À la radio, il ne manque pas, dans les années soixante et soixante-dix, tout en traduisant les œuvres de Kadare, des émissions comme *Le Masque et la Plume*, *Radioscopie*. La France est toujours là, qu'il retrouve cinquante ans après l'avoir quittée un jour de 39, juste avant la guerre, quand il avait embrassé le sol, le quai de la gare de Lyon.

Il traduisait, à la cadence parfois folle dictée par certains éditeurs. Il traduisit, en un tiers de siècle, je ne sais combien de milliers de pages, grâce à sa machine à écrire Triumph, fidèle et leste destrier des lignes, qui finit Rossinante, certes, mais dont il loua les qualités jusqu'au bout, ému de la fidélité de cet engin comme de sa pelle, au bagne. Il passa des dizaines de nouvelles et de romans de l'albanais vers le français, et quel français, chatoyant, précis et riche, et peu l'en remercièrent.

Quand il eut quatre-vingt-un ans, une insurrection le jeta hors de son pays et, en France, il entama sa dernière vie, sa dernière carrière, ambassadeur à l'Unesco, ce grand « caravansérail » dont il parlait d'un air désabusé, quand il regrettait le plus son fauteuil resté dans la petite maison de Tirana. Il fut retraité pendant sa jeunesse dorée, puis travailla comme une bête de somme, jusqu'à ses derniers jours, et peu l'en remercièrent. Retenez bien ce nom : Jusuf Vrioni.

Un jour d'août 2004, trois ans après sa mort, je redescendais le Valais, transformé en chaudron où germaient les orages. Passé Martigny, j'ai émergé soudain de ce bouillon de culture. Le ciel était lavé de tout, impeccable, neuf comme au premier jour du monde. Je l'ai vu de loin, à l'ancre tout là-haut avec ses deux cents fenêtres qui étincelaient. L'ancien Caux-Palace, à plusieurs centaines de mètres au-dessus du Léman, datait de l'époque où on lançait encore sur les mers de fabuleux paquebots et il en avait et la majesté, et l'élégance. Dans Montreux, j'ai tourné un bon moment avant de trouver la rue pentue qui montait à Caux. C'était une manière de pèlerinage. *Il* était venu là dans les années trente, vers la fin de sa jeunesse dorée, à la fin des années folles, alors que le Caux-Palace, d'abord vidé par la Grande Guerre, puis battu de plein fouet par la crise de 29, était au bord du naufrage. À la Belle Époque, le palais de conte de fées avait attiré Sacha Guitry, Edgar Wallace ou Arthur Rubinstein. Scott Fitzgerald fait passer les personnages de *Tendre est la nuit* dans l'hôtel le plus luxueux de Suisse. Jusuf y arrive un hiver à la demande du club de hockey sur glace local, qui souhaite renforcer son équipe pour le championnat de Suisse. C'est là qu'il fait la connaissance de Coco Chanel, qui vient assister à certains de ses matchs.

Je me suis garé dans l'allée, non loin de l'établissement. Rien ne permettait de déterminer à quel titre des gens allaient et venaient à l'entrée. Je me suis avancé pour expliquer le motif de ma curiosité. Une jeune Burundaise m'a introduit à l'intérieur et fait visiter. Depuis 1946, le Caux-Palace est le siège d'une ONG pacifiste et sert de cadre à des négociations et conférences internationales. Guérir du passé, disait la jeune femme, dont le pays était encore meurtri par une guerre. J'ai pensé à Jusuf, qui ignorait, en entrant là dans les années trente, de quel passé il aurait à guérir, longtemps après. J'ai traversé lentement ce qui avait été la salle de restaurant, la salle de bal, longé des couloirs colossaux. Laquelle était sa chambre ? La salle de théâtre. De la terrasse, la vue sur le Léman sept cents mètres en contrebas, à couper le souffle. Je suis allé m'asseoir au café en plein air à la station du funiculaire qui desservait toujours l'« hôtel », avant de gravir les pentes vers les rochers de Naye où s'égare le héros de *La Neige sur les pas*. J'ai repensé aux bagnes, au moment où Jusuf répétait des phrases de ce livre, pour ne pas perdre l'usage du français, et une immense tristesse m'a saisi, parce que le monde continuait sans les uns, sans les autres, et qu'il continuerait ainsi, sans Fitzgerald et Zelda, sans Sacha Guitry et sans tous les autres.

*

Il incarnait à mes yeux une « sous-espèce » d'homme en voie de disparition : esprit du XIXe siècle, éclectique, francophile hors pair meurtri par la bêtise et la cruauté du XXe siècle, et dandy. Je n'imagine pas que le XXIe siècle produise ce type d'homme à la fois raffiné et blessé, affligé d'un humour et d'un sens aigu du dérisoire de même que d'une fragilité proustienne et, pourtant, d'un destin qui aurait laissé sur le carreau, ou sur le flanc, bien des Proust.

Dans ces années où nous passions ses souvenirs au tamis pour en garder un trop exigu volume de Mémoires, j'associais le mot de dandy à un autre personnage que le hasard des rues me permettait de croiser de temps à autre et que j'avais lu, savouré, avec la lenteur qu'il se doit pour retarder le moment d'atteindre la fin de l'œuvre : Albert Cossery. Cossery est pour moi de ces écrivains – rares – qui ont exploré des thèmes que la littérature française aurait, sans eux, négligés. L'oblomovisme, la vanité du monde. Je ne l'associe qu'à Cioran, autre « travailleur immigré » de notre littérature, si ce n'est pas une injure de rapprocher Cossery de ce mot-là, travailleur. Connaissant sa légende et déçu d'être arrivé au terme de la lecture de son œuvre, j'ai pris le temps d'observer l'oiseau rare et j'insère ici quelques notes d'une de ces séances d'observation, en date du 15 octobre 1996, dans une réserve naturelle où les écrivants aiment se *mater*, le Flore. « À deux tables d'A. C., qui fume une cigarette. Vient d'acheter *Le Monde*. » Chaussettes bleues et chemise assortie, ou l'inverse. L'homme bichonne sa mise, à quatre-vingts ans. Que fixe-t-il avec ce regard d'aigle ? Les gens, les autos brièvement dans son champ de mire ? Non, il ne les suit pas. Il ne regarde pas, au demeurant, il foudroie. À moins qu'il ne soit en délibération avec lui-même ? Le ciel voilé laisse passer des chemisettes bleues, roulées en boule ou pliées à la va-vite. « Il parcourt la une du *Monde*, vient de serrer la main d'un serveur. Puis il repose *Le Monde* », qui l'ennuie sans doute. « Il est 15 h 45. Il lâche par bouffées la fumée de la seconde cigarette. »

Ensuite, les notes s'arrêtent parce que je l'ai suivi. Je n'avais pas envie de le quitter si vite, après son petit déjeuner de noctambule. Je le laisse prendre un peu de distance, comme dans toute bonne vieille filature. Il traverse la rue, retrouve le trottoir du boulevard et continue. Revient-il à son hôtel ? Les passants qui le croisent ne semblent pas troublés par ses yeux de rapace. Il faut dire que Cossery est le contraire exact d'une image subliminale. Il avance si lentement – non pas par handicap physique, mais, pourrait-on dire, par démarche philosophique – que probablement, les autres ne le remarquent pas, ou le versent dans cet ensemble que l'on appelle « mobilier urbain ». Cossery avance à pas comptés, aussi lentement qu'il écrit ses romans. Le dandy sait ce que flâner veut dire. À lui seul, il abaisse sensiblement la moyenne horaire du marcheur parisien. L'exploit qu'il a accompli ce 15 octobre 96, en faisant pour ainsi dire du surplace n'a pas été homologué, mais les personnages de ses romans, et notamment celui qui, dit-on, dort depuis sept ans, sont de la même trempe. Il est indiscutablement ardu de suivre Albert Cossery, on risque sans cesse de le dépasser ou de se heurter à lui ; si bien que, lorsqu'il s'est décidé à traverser le boulevard, j'ai laissé l'aigle planer, dans toute sa majesté, au-dessus des remous et courants de la foule, émerveillé par le rythme qu'il imprimait à sa vie.

Les écrivains

Au nombre des espèces les plus menacées par le mode de vie de l'homme pressé, apparaît haut dans la liste, près du tigre et non loin de l'orang-outan, le dandy, l'écrivain dandy, soigné de sa personne, comme on disait, somnambule dans un temps parallèle à son époque, et que n'importe quel travail salarié conduirait à dépérir rapidement. Il n'est pas donné à beaucoup d'être Albert Cossery, tiré à quatre épingles de la tête aux pieds, soignant sa nonchalance comme un chien de race. C'est que l'air du temps incommode le vrai rebelle, au début du XXIe siècle. L'air, ou l'heure, est au consensus et à l'acceptation, et puis, société du spectacle oblige, à la pose. Rien ne vaut un petit scandale, ou un coup d'éclat à la télé (prévoir un haut-deforme, s'entraîner à imiter les grognements d'un acteur de théâtre japonais), rien ne vaut une accusation de plagiat, ou, plus raffiné, de singerie, pour qu'un livre acquière la « visibilité » nécessaire à sa survie commerciale, faute de quoi il repartira vers les limbes en un rien de temps. À peine les épreuves relues, l'écrivain se transforme en VRP de son œuvrette, assure le service après-vente, pose pour des photographes qui lui disent comment se tenir pour être lui-même. Hardi ! Hardi ! La patte ! Assis ! Ce même écrivain qui, dans ses pages, pourfend le système et les possédants, celui-là qui, par ses saillies, ridiculisait les plus vénérables institutions, du Vatican à Fun Radio, celui-là, au matin de la parution de l'œuvrette, halète à côté du téléphone, prêt à se dresser, comme un chien de cirque, sur les pattes arrière pour interpréter le grand air du commentateur. Ouah ! Ouah ! Il sommeille de jolis paradoxes dans la tête d'un écrivain et le grand écart qu'il réussit sans cesse entre ce qu'il aurait voulu être et ce qu'il est, ou a honte d'être, laisse rêveurs les acrobates et les danseuses étoiles. Par leur rareté, leur discrétion, Cossery, Gracq, pour ne prendre que ces exemples de tigre ou de gorille, ont été leur mauvaise conscience ou leurs balises, c'est selon, mais malgré ces paradoxes, ceux qui exercent l'étrange activité d'auteur demeurent des mammifères attachants, plongés dans le biotope d'un monde qui ne les veut plus vraiment, ou si superficiellement. Il fait bon les rencontrer, se rassurer, se dire qu'on n'est pas seul à écouter à travers leurs mots le bruit du monde qu'on ne comprend plus, ou alors par bribes, parce que les télés, les pouvoirs et les publicitaires parlent une autre langue, orwellienne, perpétuellement en cours d'invention.

*

La première fois que je les vois réunis, les écrivains, c'est aux portes d'un hiver au bout d'une longue vallée, parce qu'on m'a demandé de remplacer l'un d'eux, qui vit caché, momentanément, et de parler de son œuvre, de son pays, de cela j'ai très peur mais, aimant les écrivains qui se cachent, j'ai accepté. J'ai vingt-six ans. Le taxi qui m'a pris en charge sous le soleil de Barcelone traverse une nuit pyrénéenne. Nous avons essayé de communiquer, le chauffeur avec son catalan, moi avec les vestiges de castillan qu'une Argentine, chroniquement absente, tentait de nous inculquer à la faculté, mais c'était une option. Le chauffeur et moi avons fini par trouver notre espéranto à nous, le silence, avec pour

171

virgules le bruit des paquets de neige que les roues chassent, schlap, schliip ou schliif. Dans quelques jours, Noël 90. La neige forme des tas sales devant l'hôtel, tout au-dessus d'Andorre-la-Vieille, dont les portes de verre s'ouvrent devant moi. Une seule table est occupée, au restaurant : les écrivains. Je n'en connais aucun, sinon de nom ; ils sont déjà tous là, avec les organisateurs du cycle de conférences. Les *Dix petits nègres*, avec le blizzard pour tempête et les crêtes pour mer, tout autour. Je m'avance vers eux la valise à la main, mes pas collent au plancher, je fonds un peu. Par lequel commencer ? Je ne suis pas un vrai, ne suis là qu'à titre de doublure, appelé sur le terrain avec le maillot d'un exilé introuvable. À la table, un homme m'a vu. Il a dû comprendre que je suis l'ersatz attendu. *Le jeune stagiaire*. Il se lève et me tend une main longue et cérémonieuse. C'est un homme au visage fin barré de lourdes lunettes, infiniment sec et vieux, qui me salue avec une courtoisie et une modestie que je n'attendais pas, et se présente, José Luis Aranguren. On m'avait rapidement parlé du vieux philosophe espagnol au téléphone : « Saramago a dû se désister, à cause de problèmes de santé, mais Aranguren sera là. » Et les autres, qu'on me présente maintenant, et d'abord un Russe massif au visage bonhomme,

Iouri Afanassiev, recteur de l'institut d'histoire de Moscou et député du peuple, réformiste, qui n'est pas parvenu ici sans mal : à Madrid, l'élu soviétique a appris que sa valise, dans laquelle se trouvait le texte de sa conférence, n'était pas arrivée ; et que, coup de grâce, son chauffeur de taxi l'attendait à Barcelone. Puis voici un Tchécoslovaque, pas encore tchèque mais ça ne saurait tarder, Václav Jamek, qui parle un français parfait d'un débit lent, français aussi savoureux que celui qu'il écrit dans son *Traité des courtes merveilles*, livre inclassable et fort brillant qui lui a valu, un an plus tôt, le Médicis essai ; et, enfin, Robert Lafont, que je pense être le célèbre éditeur et qui dément vite, il écrit des livres en occitan, ou sur la langue occitane, ah bon.

La chambre que j'occupe à l'étage aurait dû revenir à l'exilé, où est-il, en ce moment, mon exilé ? Nul n'a pu le contacter depuis des semaines. Il devrait dormir là, écrire à cette table, jouir de tout ce luxe avec vue sur la minuscule capitale de pierre et de neige tout en bas, dans le froid qui mord derrière la baie vitrée. Les organisateurs du cycle de conférences font reproche à l'exilé de ne plus s'être manifesté. « Tout de même, il parle si bien de la parole donnée, dans ses livres, et dans la vie, il nous promet de venir et ensuite, il ne nous donne plus de nouvelles. » Eh...

C'est grâce à lui que je me trouve ici ce soir, à mille mètres et des poussières, et cette neige, et que je débute dans la profession de conférencier, merveilleusement anxieux à quelques heures de parler en public pour la première fois. Le lendemain, comme je relis mon texte et l'amende où il me paraît faible, et que l'anxiété distille son poison en moi, notamment de part et d'autre du thorax, j'entends la nouvelle sur TV5, Chevardnadzé. Sur le coup, je ne réagis pas ; ensuite, pas plus. Je relis mon texte manuscrit, mon écriture est nerveuse, illisible. Normalement, je devrais courir frapper à la porte d'Afanassiev, qui, lui, recompose de mémoire son texte perdu. J'attends le dîner, puis le milieu du dîner, et je le dis sur un ton neutre qui me dépasse, tiens, au fait, Chevardnadzé a démissionné, il l'a annoncé au Soviet suprême, il craint le retour à la dictature. Les regards convergent vers Afanassiev, dont le visage est comme recouvert d'un masque, derrière lequel, dans ses méninges, il déplace sans doute les pièces d'un échiquier ivre, son pays qui tangue, cette perestroïka qui gîte de plus en plus.

Le lendemain, mon intervention se passe sans humiliation majeure. Afanassiev trouve même des mots gentils pour mon exposé, lui qui s'exprime devant des centaines de députés à l'affût du premier faux pas. Il parle un bon français, et ses mots de sympathie m'évitent de tomber en poussière. Pour le dernier dîner, le chef du gouvernement de la principauté nous invite à l'une des meilleures tables de la ville. «J'ai plus d'administrés dans ma circonscription qu'il n'y a d'habitants dans tout votre pays», lui dit, sur le ton de la plaisanterie, Afanassiev qui vient de récupérer sa valise, à une nuit du retour. Sous les jambons de montagne qui sèchent au bout de leurs crochets, tournent autour de la table les thèmes et les anecdotes d'une Europe étonnée d'avoir pu se réunir. Le lendemain, chacun reprend la route de ses illusions.

*

L'illusion s'engouffre vite par la moindre brèche et l'utopie d'une Europe ouverte, fraternelle, n'est jamais aussi forte qu'après l'extinction des flammes dans les Balkans, même si certains entretiennent les braises. Tetovo, au pied de la montagne où s'agrippent les villages qui s'étaient soulevés en 2001, porte les stigmates de la guerre sur ses façades. C'est le ramadan, difficile de trouver un restaurant avec un cuisinier aux fourneaux. L'université de l'Europe du Sud-Est a poussé à l'écart de la cité, dans des prairies où, trois ans plus tôt, les chars macédoniens braquaient leurs bouches à feu vers les nids d'aigle des insurgés, adossés au Kosovo. Les étudiants boivent des cafés dehors, octobre est doux entre les bâtiments de couleurs vives, dans lesquels, tout à l'heure, je parlerai en détail de sujets que je ne connais pas, devant des étudiants avides de tout, qui prennent des notes que j'aimerais confisquer, à la fin. Que feront-ils, plus tard, de ce français qu'ils maîtrisent si bien ? Tard, le soir, à l'hôtel Continental d'où je vois brûler la croix géante du mont Vodno, au-dessus de Skopje, je lis un roman macédonien encore inédit en France, *Le Chemin des anguilles*. Le traducteur est un diplomate polyglotte surdoué, l'auteur un de ces hommes qui vivent dans deux langues, se traduisent de l'une à l'autre, ou plutôt conçoivent deux versions d'un même roman. *Le Chemin des anguilles* est un de ces romans-paraboles comme en produisent avec brio ces littératures de langues minoritaires dont les racines puisent dans des sels minéraux séculaires. Chemin à l'image du voyage des poissons qui traversent l'Atlantique pour frayer et se heurtent, à leur retour, aux barrages que l'homme a érigés et qui les coupent de leur haute enfance ; ce sont les émigrants qui partirent vers le Nouveau Monde et n'ont pu, pendant long-temps, revenir au pays, interdit par la barrière des idéologies, des tyrannies.

J'aime traverser un pays d'un trait, en quelques heures qui laissent peu de temps aux images pour imbiber la mémoire. Les souvenirs qui s'accrochent sont souvent les moins conventionnels et rarement ceux qu'on s'attendait à conserver : les grands rafiots du lac d'Ohrid, dont on se demande comment ils furent hissés jusque-là, à 800 mètres d'altitude ; les villas de marbre et de verre au beau milieu des localités, la longueur inouïe de la ville de Skopje, son cimetière français de l'armée d'Orient, dont le gardien me montra, dans un musée minuscule, la photo de Chaban-Delmas en visite sur les lieux ; la salle, pharaonique, de l'Académie, l'arbre à l'ombre duquel, dans le vieux quartier, j'ai aimé prendre un café, lire, musarder ; le caravansérail, où j'ai bu la meilleure *jolta*, Mario, mon chauffeur croate qui trouvait les Macédoniens « fous » et me montra le pays en le commentant dans un anglais égal au mien, et notamment le col d'où l'on voit deux des plus vieux lacs au monde, comme deux yeux bleus de la préhistoire, Ohrid et

Prespa, reliés par un torrent souterrain, puis Skopje, de nouveau, avec Luan Starova, l'auteur du *Chemin des anguilles*, qui me donna pied au plancher un aperçu du quartier gitan, le plus grand au monde, et encore ces tombes de tirailleurs malgaches ou de spahis « morts pour la France », comme si c'était un label de qualité, là-haut, l'assurance d'obtenir une suite pour l'éternité, puis Bitola, naguère perle de l'Empire ottoman, ses échoppes, ses façades coquettes, peinturlurées depuis peu, et le paon blanc des jardins de Saint-Naum.

*

Ensuite, les écrivains, ce fut en Croatie, Zagreb et Rijeka, pour des rencontres européennes de la nouvelle, en mai 2006. « J'assemble des notes qui s'aiment » (Mozart) ; la littérature réunit, elle, des êtres qui, géographie oblige, ne se seraient pas connus, et vont s'aimer. Comme d'autres formes d'art sans doute, et notamment la musique, elle fonde des fratries solides, révèle des affinités électives. Ce caravansérail improvisé, les rencontres européennes de la nouvelle, rassemblait des auteurs d'une dizaine de langues, du Néerlandais Arnon Grunberg, quasi-sosie d'un Woody Allen qu'il disait détester, à l'Israélien Etgar Keret ou au mutique Italien Vitaliano Trevisan, de l'étrange et anglaise Helen Walsh à l'Allemande Maike Wetzel, rousse comme une Irlandaise mais sincère, amicale comme une Allemande. Il y avait aussi un quarteron d'auteurs croates, nantis de noms impossibles, sensiblement plus âgés que nous et avides, à en croire la prose qu'ils hurlaient dans les micros, de rattraper quarante ans d'isolement artistique, et notamment une *beat generation* qu'ils semblaient avoir découverte la veille. Veste en cuir et poing en l'air, gueulant leur truculence et leurs gauloiseries croates, ils étaient galvanisés par les rires et les gloussements étudiants de ce Woodstock local, qui ravissait certains invités, en déroutait d'autres voire les terrifiait, au nombre desquels les deux Français conviés à ces *lectures*. L'hôtel, à Rijeka, nous égarait dans ses couloirs entortillés, enroulés, dont la numérotation des chambres défiait toute logique. Certaines avaient vue sur le fleuve côtier qui donne et donna à la ville ses noms, Rijeka, Fiume, et servit de frontière, naguère, entre l'Italie et la Yougoslavie. Chaque fois que nous allions de l'hôtel au Korso ou au port, nous enjambions, sans qu'il se passe plus rien, des barbelés fantômes, comme si les empires et les royaumes ne s'étaient jamais frottés, ici même, plus qu'ailleurs.

Lorsque cette semaine tira à sa fin et que des amitiés se furent nouées, nous entrâmes dans un long quartier libre au retour de Rijeka ; dans un de ces terrains vagues du temps dont le souvenir ne vous lâche plus, par la suite. Nous étions trois, à une terrasse de café au-dessus de la vieille ville, face à la cathédrale qui prenait un dernier bain de soleil. Je ne veux pas oublier la lumière du 12 mai 2006, à Zagreb, en fin d'après-midi : ambrée, unique comme le moment que nous passions là-haut, autour d'une table sur laquelle flottaient des bières ou des ballons de blanc. Quant à l'air, il était de velours, porté à cette température où l'on ne le remarque plus, sinon quand il prodigue des caresses, vers le soir. J'avais avec moi E., écrivain et ami de longue date, et V., amie de quelques jours, traductrice et universitaire croate en devenir, francophile sur-douée, qui avait su nous cornaquer, nous tra-duire, et surtout encadrer, moquer nos peurs, nos timidités tout au long de l'étrange semaine. Quelques mois plus tard, elle m'a envoyé une carte postale ancienne, Zagreb en 1907, *Naklada Jul, Hühna* : la terrasse où nous nous étions assis, le 12 mai. Trois écoliers, qui portent un canotier, fixent l'appareil du photographe, quatre-vingt-dix-neuf ans plus tôt, peut-être un autre 12 mai. Ils tiennent, coincés sous le bras, de gros livres, des manuels d'histoire, qui sait, auxquels manquent les pages qu'un vent fou tournera plus tard et sur lesquelles on lira les mots d'archiduc, de tranchées ou bien d'oustachis, et les noms de Tito, Vukovar. En 1995, V. la Zagréboise était encore lycéenne. Une bombe à fragmentation, tirée par des Serbes de la Krajina, avait explosé comme un feu d'artifice, en faisant des petits, dans la cour de l'établissement, alors déserte. Si la professeur de chimie, agacée par le comportement de la classe, n'avait pas décidé en dernière minute d'interroger deux élèves, la sortie aurait eu lieu plus tôt, au moment de la bombe.

Les écoliers de 1907, quelle guerre les a tués ? Dans quelle guerre ont-ils tué ? Sur la terrasse à la rambarde en fer forgé, on n'a pas encore installé de tables de café, en 1907. Tout, pourtant, y concourt déjà. Notre petite réunion se profile. Il ne reste plus qu'à patienter un siècle, et, le 12 mai 2006, les rayons du soleil s'inclinent à la lenteur de la vie, inexorablement, les voici comme à l'horizontale, prêts à traverser la nef de la cathédrale en glissant par son porche. Et les saints des vitraux, de loin, nous font signe, disent quelque

chose comme *profitez de ces instants car l'obscurité détruira votre triangle, sans doute ne se reformera-t-il nulle part ailleurs.* Chaque fois que j'aurai à dire que l'écriture mène à l'amitié, je reviendrai en pensée à ce soir de mai, dans un de ces lieux dont nos rêves nocturnes assemblent les décors avec beaucoup de facilité mais que le grand jour, lui, peine à retrouver.

Mais voilà, le mystère et la séduction de la vie figent le temps à l'intérieur de notre triangle, ce soir de mai. Nous sommes bien et nos sourires le disent. Le niveau de mon verre ne baisse pas d'un millimètre et pourtant j'ai l'impression de boire, boire. De quoi suis-je ivre ? De quoi nous enivrons-nous ? Je ne sais plus de quoi nous avons parlé, là-haut, pour dire un accord rare, sans jamais le dire. Nous sommes dans un état antérieur à l'invention du temps, les verbes ne se conjuguent qu'au présent. Souvent, je reviens en pensée à ce jour de Zagreb où nos vies ont marqué ensemble une manière de pause, et me dis que l'écriture, depuis l'âge de vingt ans, m'avait conduit à ce moment suspendu, lequel, tandis que nous le vivions, était sans avant, sans après ; petit bloc d'éternité, ce moment, qui s'était détaché du ciel des anges pour nous montrer comment tout aurait dû être, comment tout aurait pu être si Adam et Ève n'avaient pas fait les cons.

*

Ma plus étrange rencontre avec un écrivain, la plus troublante, eut lieu près d'un an plus tard, à bien y réfléchir. C'était dans la campagne polonaise. Dans la purée de pois d'une soirée de février, un homme mort trente-huit ans plus tôt allait me faire un de ces clins d'œil qu'on n'oublie pas de sitôt. J'avais quitté Varsovie sur le coup de quinze heures, par une lumière rasante, en compagnie d'un ami photographe. Cette clarté horizontale donnait à la ville, sous la frêle couche de neige de la nuit précédente, un air de Sibérie. Je n'étais pas mécontent de regagner Berlin, malgré le charme de la Vistule. Le Warszawa-Berlin, train polonais d'une propreté exemplaire, d'un intérieur agréable chauffé sans excès, avait appareillé à l'heure. D'ici la frontière allemande, il ne devait marquer qu'un seul arrêt, Poznań. Or, Poznań était déjà passé. Le sol noir avait perdu ses archipels de neige et rien ne contrebalançait les ténèbres hormis, quand le convoi ralentissait, le béton d'un quai, sous les néons.

Mais je dois, à ce point du récit, ouvrir une parenthèse pour préciser dans quel état d'esprit je me trouvais alors et introduire dans les grandes lignes la figure de B. Traven. Je venais de terminer l'écriture d'un roman en m'appuyant sur les enquêtes réalisées sur cet auteur mystérieux, qui avait sans cesse effacé derrière lui les traces qu'il laissait dans le XXe siècle. Son parcours n'en restait pas moins balisé de chefs-d'œuvre comme *Le Trésor de la Sierra Madre* ou *Le Vaisseau des morts*. Où et quand était né Traven, et sous quel nom, qui étaient ses parents et quelle était sa langue maternelle, autant d'énigmes qu'il avait bichonnées avec une constance maniaque. On avait dit de lui qu'il était le fils illégitime du Kaiser, ou

Ambrose Bierce ou Jack London qui ne seraient morts ni l'un ni l'autre, ou bien un président mexicain, ou la sœur de ce dernier, ou encore un collectif d'écrivains honduriens, ou deux personnes différentes, dont l'une se serait approprié l'identité de l'autre, les idées de l'autre, à sa mort. Où était-il né, cet Homère du prolétariat, des Indiens du Mexique ? Des thèses très sérieuses avaient été échafaudées à ce sujet, confirmées par des enquêteurs de la BBC, dans les années soixante-dix et quatre-vingt.

Nous étions quatre dans le compartiment. Une jeune Polonaise, qui lisait en allemand un épais roman de Murakami (Haruki), un Polonais mutique et d'âge moyen, cheveux mi-longs et gris, qui parcourait sans cesse le même article, mon compagnon de voyage et moi-même. Le train s'éternisait dans la plaine. Cet antipaysage et mon mal-être étaient parfaitement à l'unisson. La vie allait stagner indéfiniment dans cette purée de pois qui s'infiltrait par tous les pores de ma peau humidifiée, glacée. J'aurais aimé m'assoupir un peu, mais à cette époque, avec moi, l'hormone du sommeil jouait les filles de l'air. J'étais las. Ce manuscrit de roman, qui avait accaparé trois ans de ma vie, me paraissait illisible, labyrinthique à l'excès. Qui lirait

L'Homme sans empreintes ? Et la perspective de continuer à vivre dans la région parisienne, fourmilière de névrosés, m'abattait. J'aurais préféré que l'express varsovien glissât encore pendant des mois d'un chef-lieu à l'autre de cette contrée spongieuse des limbes, Mitteleuropa extensible à l'infini. Poznań était passé depuis longtemps et c'était toujours la même chose, la Pologne, c'est-à-dire nulle part, selon le père d'Ubu. Je n'avais aucune carte détaillée sous la main. Nous devions être à mi-chemin entre Poznań et la frontière quand le train a ralenti, ralenti. On ne sait jamais vraiment si un train est à l'arrêt, la nuit, ou s'il roule au pas. Ce devait être un arrêt de service, inopiné, pour une raison x : le train a fini par se ranger le long d'un quai désert, très faiblement éclairé. Nul ne descendait, nul ne montait, nul ne passait sur le quai. Par désœuvrement, ou pour comprendre, j'ai jeté un coup d'œil à l'extérieur : un banc vide, un panneau blanc à liseré bleu, indiquant le lieu. On peut tout à la fois sourire et sentir son sang se glacer, j'en ai fait alors l'expérience. Sur le panneau était écrit *Świebodzin*, en lettres noires. J'ai saisi mon compagnon de voyage par le bras et lui ai dit regarde, là, c'est incroyable…
Il me fallait un témoin à même de confirmer, plus tard, que je n'avais pas rêvé cet arrêt, qui

n'excéda pas deux minutes ce 16 février, vers vingt heures trente. Świebodzin, l'ancienne Schwiebus allemande, était le point d'aboutissement de la longue enquête menée à la fin des années soixante-dix par Will Wyatt, journaliste de la BBC, qui conclut que Traven est né dans cette localité et non à Chicago, comme il se plaisait à le faire croire pour mieux cacher qui il était.

Pourquoi notre compartiment s'était-il immobilisé exactement à la hauteur du panneau *Świebodzin* ? Nous étions-nous réellement arrêtés ? J'aimerais lancer un appel à témoins pour retrouver la jeune femme qui lisait Murakami et l'homme aux cheveux gris, d'âge moyen, qui n'avaient bronché ni l'un ni l'autre, pendant la halte, et leur demander confirmation. Maintenant que le train avait repris sa traversée de l'encre, je me sentais ramené brusquement à la vie, me répétant que je venais sans doute d'entrer à l'intérieur du cercle rouge dans lequel avait grandi Traven. Sur le quai désert, un spectre était venu s'asseoir sur le banc vide, ou bien écrire à l'envers, sur la vitre embuée, quelque chose comme *Allez ! Remets-toi vite au travail ! Pense à moi, qui ai fait œuvre dans les pires conditions, la jungle, la clandestinité. La misère ! Ne m'oblige pas à te traiter de petit-bourgeois doublé d'une mauviette. Allez, ne traîne pas.*

Entre le quai fantomatique et Francfort-sur-l'Oder (la frontière), l'express n'a plus jamais ralenti. Le voudrais-je, je ne pourrais pas effacer ces deux minutes de ma mémoire. En des moments rares, le temps nous surprend à glisser, par une porte dérobée, des minutes inexplicables et pourtant capitales, lesquelles, mises bout à bout, ne doivent pas totaliser plus d'une heure ou deux dans une vie entière : collier d'instants dérisoires pour tout autre que soi mais qui donnent et redonnent envie, comme les prières récitées en suivant les grains du chapelet, de se hisser à la hauteur de soi-même. Quelques mots singuliers entendus enfant dans la conversation des grands, quelques cartes figurant les monuments d'une cité mythique, un livre qui tombe d'un rebord de table et s'ouvre à la page du 2 mai 1950, une villa blanche qui vous rappelle l'Afrique, et un vieux poste de radio, et revoilà la légende du Rosebud, le souvenir qui imprègne le présent et dont le parfum ne se dissipe jamais, et qui aide, transforme l'avenir en un jardin vivable, comme Bogart trouve la force de quitter Ingrid

Bergman en lui disant, pendant que l'avion
mouline du brouillard sur la piste, *We'll always
have Paris.*

octobre 2006 - septembre 2008

L'auteur remercie les missions Stendhal
pour leur soutien à ce livre.

Table

Pour l'éditeur, le principe est d'utiliser des papiers composés de fibres naturelles, renouvelables, recyclables et fabriquées à partir de bois issus de forêts qui adoptent un système d'aménagement durable.

En outre, l'éditeur attend de ses fournisseurs de papier qu'ils s'inscrivent dans une démarche de certification environnementale reconnue.

9 782234 059818